TRES MESES EN LA ESCUELA DE LOS *Salmos*

TRES MESES EN LA ESCUELA DE LOS *Salmos*

Estudios sobre el Libro de los Salmos

Jorge A. González

ABINGDON PRESS
NASHVILLE

TRES MESES EN LA ESCUELA DE LOS SALMOS
ESTUDIOS SOBRE EL LIBRO DE LOS SALMOS

Derechos de autor © 1998 por Abingdon Press

Library of Congress Cataloging - in - Publication Data

González, Jorge A.
    Tres meses en la escuela de los Salmos: estudios sobre el libro
de los Salmos / Jorge A. González.
    p.   cm.
    ISBN 0–687–08536–5 (pbk.)
    1. Bible. O.T. Psalms—Study and teaching.   I. Title.
    BS1451.G66 1998   98—44195
    223'.2'0071—dc21   CIP

Roy C. Wallace III, Gerente de diseño y producción

PUBLICADO EN LOS ESTADOS UNIDOS DE NORTEAMÉRICA

Índice

Preámbulo

El libro de Salmos es muy distinto a todos los demás libros que tenemos en la Biblia. Por una parte, tiene 150 capítulos, algunos muy largos, como el Salmo 119, y otros muy cortos, como el Salmo 117. Además, estos capítulos no están organizados de manera que nos permita estudiarlos en el orden en que están en la Biblia. Algunos de ellos están agrupados topicalmente, como los que van del 120 al 134, pero otros están diseminados por todo el libro, y aun los que están agrupados según el tópico, son de muy distinta índole. Por ello, para facilitar este estudio, los hemos organizado de manera que se pueda tener un mejor sentido de lo que pasa y a qué se refiere el salmo.

Como todos los libros de la serie «Tres meses en la escuela de...», el estudio está organizado en trece semanas y se estudia una parte del texto bíblico cada día de la semana, en este caso uno, dos o tres salmos. Nuestra recomendación es que cada participante del estudio lea y medite la sección que corresponde a cada día. Entonces, al final de la semana cuando el grupo se reúne, todos pueden dialogar sobre sus experiencias en la lectura y el estudio. Cada persona debe tener, además de este texto de estudio, una Biblia, una libreta o cuaderno, y un lápiz o pluma. Al final de cada salmo hay una serie de preguntas que se deben contestar. Pero por favor, no conteste sencillamente **sí** o **no**. Medite, ore y escriba de modo que al adquirir información y entendimiento, usted esté al mismo tiempo en comunión con Dios. Y no tiene que limitarse a lo que se plantea en la pregunta, sino que escriba en su libreta, con toda sinceridad, lo que Dios le está guiando.

En el séptimo día, cuando el grupo se reúne, debe haber un momento en los que todos aquéllos que deseen puedan compartir con sus hermanos y hermanas sus meditaciones de la semana. Tal cosa no debe ser una obligación, sino un acto fraternal de ayuda espiritual. Quizás lo que usted tuvo en su corazón al escribir esas palabras ayude a otra persona a enfrentarse consigo misma y a ver su responsabilidad para con Dios y con el prójimo.

En este estudio hemos utilizado la *Santa Biblia, Reina-Valera, Edición de Estudio (Revisión de 1995)*. Si usted decide utilizar otras Biblias, lo cual sería muy bueno, tenga en cuenta lo que se dice en la «Introducción» en la sección «La numeración de los Salmos», pues los números de los capítulos y versículos de otras Biblias puede que no coincidan con los que aquí se usan.

Una palabra final. El libro de Salmos no es un libro que narra hechos históricos, aunque muchas veces se refiere a ellos. Por lo tanto, en los análisis de los salmos hay muchas secciones en las que se explican esas alusiones. Pero los salmos tienen muchas imágenes repetidas, muchas ideas que aparecen en multitud de ellos. Por eso sería bueno que en su libreta usted separase una sección y si se encuentra con algo que es nuevo, o que desconocía hasta ese momento, ponga una breve referencia a esa idea y el lugar donde se encuentra. Por ejemplo, pudiera decir: «Nombre de Jehová 2/3» con lo que quiere decir que la explicación sobre el nombre de Jehová aparece en la Segunda Semana, en el tercer día. Si tiempo más tarde necesita buscar el lugar donde se discute ese tópico, lo puede encontrar fácilmente.

ABREVIATURAS

LXX	Septuaginta (Versión griega)
RVR60	Reina-Valera, Revisión de 1960
RVR95	Reina-Valera, Revisión de 1995
YHWH	el nombre de Dios
ca.	fecha aproximada

Introducción

El libro de Salmos es fundamento básico para nuestra vida espiritual. Es por eso que hay ediciones de bolsillo del Nuevo Testamento que lo incluyen. ¿Pero qué cosa es el libro de Salmos? ¿Por qué tiene tanta importancia? Y sobre todo, ¿cómo hemos de estudiarlo? Ésa será nuestra tarea durante estos tres meses, pero nuestro método de estudio tendrá que ser algo distinto a los otros libros en esta serie porque en este libro de la Biblia tenemos nada menos que 150 capítulos. En lugar de ir de capítulo en capítulo, del principio al fin, tendremos que organizar el estudio temáticamente, estudiando los salmos por grupos. Es por ello de tanta importancia que antes de comenzar el estudio usted lea la «Introducción» para tener una idea general de todos los salmos. Después, al hacer el estudio, uno puede regresar a la «Introducción» para ver lo que aquí se dice respecto a cada uno de ellos.

La mejor manera de entender el libro de Salmos es verlo como un himnario. Eso es lo que este libro era, un himnario, pero uno de ésos que tiene solamente la letra, y no la música. En otras palabras, aunque nosotros los usamos para nuestras meditaciones personales, en realidad éstos eran himnos que se cantaban en el culto colectivo de la comunidad. Tome uno de los himnarios que se usan en su iglesia, por ejemplo, *Mil Voces Para Celebrar: Himnario Metodista* y vea cuántos autores hay. Muchos son del siglo XX, pero Carlos Wesley (1707–1788), Teresa de Jesús (1515–1582), Martín Lutero (1483–1546), Francisco de Asís (1182–1226) y tantos otros de siglos atrás están ahí también. Tenemos himnos hasta de la misma Biblia, como el «Canto de Simeón», Himno No. 123, a pesar de que este himnario fue publicado en 1996.

Además, no todos los himnos son de autores que conocemos, sino que algunos son anónimos, mientras que otros provienen de grupos, como los ocho himnos que debemos a la comunidad de Taizé.

Observe además que los himnos tienen que ver con la liturgia de la iglesia: el culto, el año cristiano, los sacramentos y tantos otros aspectos de la vida comunitaria que se identifican en este himnario en el «Índice por Temas».

Cuando estudiamos el libro de Salmos, vemos esos mismos aspectos. Como nuestro himnario, éste se basó en antiguas colecciones, e incluye salmos que vienen desde el principio mismo de Israel hasta el período postexílico, un período que cubre más de seis siglos. La mayor parte de los salmos fueron parte de la liturgia utilizada en el Primer Templo de Jerusalén (ca. 950–587 a.C.), construido por el rey Salomón y destruido por el ejército de Nabucodonosor, rey de Babilonia. Cuando los judíos regresaron del exilio en Babilonia y reconstruyeron el Templo de Jerusalén (520–515 a.C.), lo que hoy llamamos el Segundo Templo, compilaron este himnario para usarlo en su adoración. Después de la destrucción del Templo por los romanos (70 d.C.) este himnario continuó usándose en la sinagoga judía y se convirtió en parte esencial de su culto. El culto de la iglesia cristiana fue adaptado de la sinagoga, añadiéndole el sacramento de la Eucaristía, y por eso la iglesia adoptó el Salterio identificando las esperanzas mesiánicas que originalmente se referían al rey de la dinastía davídica, con Jesucristo.

En hebreo el nombre del libro de Salmos es *Tejilim*, plural de *tejila*, que quiere decir «himno», pero el nombre no hace justicia al libro ya que la mayor parte de los salmos no son himnos. Más adelante, en esta introducción, analizaremos los diversos géneros literarios y veremos qué quiere decir «himno». El nombre «Salmos» nos viene de la Vulgata (la versión latina de la Biblia), donde se le llama *Liber Psalmorum* o «Libro de los salmos» y éste se deriva de la Septuaginta (la versión griega del Antiguo Testamento, que se abrevia: LXX), donde se le llama *Psalmoi* que quiere decir «Cantos para instrumentos de cuerda». *Psalmoi* corresponde al hebreo *mizmor*, el título más frecuente en el hebreo. A veces llamamos al libro de Salmos «Salterio». Este nombre se deriva del griego *psalterion*, que era la «lira» usada para acompañar el canto en la antigua Grecia. Aclaremos, sin embargo, que para cantar los salmos en el Templo se usaban muchos instrumentos diferentes.

La poesía hebrea
Los cantos gozaron de mucha popularidad en el Antiguo Cercano Oriente. Muchos ejemplos de ellos nos han llegado de Ugarit,

ciudad al norte de Canaán, así como de los grandes centros de civilización como Mesopotamia y Egipto. En cuanto a Israel, podemos ver que su poesía abunda en la Biblia.

Vea, por ejemplo, el «Cántico de Moisés» (Éxodo 15), el «Cántico del pozo» (Números 21:17-18), el «Cántico de Débora» (Jueces 5) y el «Lamento de David a la muerte de Saúl y Jonatán» (2 Samuel 1:19-27).

También tenemos referencias a antiguas colecciones de las que solamente se conservan el nombre y acaso algunos fragmentos, como «El libro de las batallas de Jehová» (Números 21:14) y «El libro de Jaser» (Josué 10:13 y 2 Samuel 1:18). Pero lo más valioso de la religiosidad poética de Israel se conserva en el libro de Salmos. La poesía hebrea no es como la nuestra sino que se semeja a las de los otros pueblos semitas de la antigüedad. De todas las formas peculiares de su poesía, lo que es más fácil reconocer es el «paralelismo». En nuestra lengua castellana usamos «la rima» para crear poesía, pero esto no existe en hebreo. Ellos creaban la belleza literaria con el paralelismo, una forma de «rima de ideas».

Hay tres formas básicas de paralelismo. Éstas son:
1. *Paralelismo sinónimo*, que expresa dos veces un mismo pensamiento con palabras distintas aunque análogas. Por ejemplo:

> De Jehová es la tierra y su plenitud,
> el mundo y los que en él habitan.
> (Salmo 24:1)

2. *Paralelismo antitético*, que opone y contrasta dos pensamientos contradictorios. Por ejemplo:

> Estos confían en carros, y aquellos en caballos;
> mas nosotros del nombre de Jehová, nuestro Dios,
> haremos memoria.
> (Salmo 20:7)

3. *Paralelismo sintético*, que tiene lugar cuando un pensamiento se completa con otro que sigue y añade nuevos conceptos. Por ejemplo:

> Será como árbol plantado junto a corrientes de aguas,
> que da su fruto en su tiempo y su hoja no cae,
> y todo lo que hace prosperará. (Salmo 1:3)

Dentro del paralelismo sintético hay, por lo menos, cuatro formas particulares:

(a) *progresivo*, cuando el segundo pensamiento está íntimamente ligado con el primero:

> Sean avergonzados y confundidos
> los que buscan mi vida;
> sean vueltos atrás y avergonzados
> los que mi mal intentan.
> (Salmo 35:4)

(b) *constructivo*, cuando el segundo pensamiento se relaciona con el primero por tener semejanza de estructura:

> Encaminará a los humildes en la justicia
> y enseñará a los mansos su carrera.
> (Salmo 25:9)

(c) *climático*, cuando el segundo pensamiento completa al primero al repetir palabras semejantes, al tiempo que añade otras nuevas:

> Voz de Jehová que quiebra los cedros;
> ¡quiebra Jehová los cedros del Líbano!
> (Salmo 29:5)

(d) *Comparativo*, cuando un pensamiento presenta un símil o se compara con el otro:

> Como el ciervo brama por las corrientes de las aguas,
> así clama por ti, Dios, el alma mía.
> (Salmo 42:1)

Otro aspecto de la poesía hebrea tiene que ver con la métrica. Los poemas clásicos en castellano cuentan con determinado número de sílabas según sea su tipo de poesía, pero esto no es así en hebreo. En hebreo lo que se cuentan son los acentos y, por ejemplo, tenemos versículos que cuentan con cuatro acentos en cada línea y se identifican como 4·4. Los de tres acentos en cada línea se identifican como 3·3. Hay un tipo de versículo, muy especial, que se llama *qinâh*, que tiene tres acentos en una línea y dos en la otra; es decir, un hemistiquio largo y otro corto. El versículo de *qinâh* se identifica como 3·2.

Los géneros literarios

Cuando estudiamos los Salmos, resulta evidente que hay características que permiten organizarlos en distintos géneros literarios. Éstos son los siguientes:

I. *Himnos*: 8, 19, 29, 33, 103–106, 111, 113, 114, 117, 135 y 145–150. Estos salmos están centrados en la alabanza a Dios. Además, dentro del género de los himnos tenemos otros dos tipos de salmos:

(A) *Cánticos de Sión*: 46, 48, 76, 84, 87 y 122, que expresan devoción por el Templo y la ciudad de Jerusalén.

(B) *Himnos de entronamiento*: 47, 93, 95, 96, 97, 98 y 99, los cuales celebran a Dios como Rey de la creación.

II. *Lamentos*. Estos salmos están plenos de súplicas y de sufrimiento. Con frecuencia incluyen protestas de inocencia, y algunas veces terminan con una expresión de gratitud a Dios por haber escuchado su oración. Éstos son los salmos más abundantes en la Biblia. Los hay de dos tipos:

(A) *Personales*: 5–7, 9-10, 13, 17, 22, 25, 26, 28, 31, 35, 38, 39, 41–43, 51, 52, 54–59, 61, 64, 69, 71, 77, 83, 86, 88, 94, 102, 109, 120, 130 y 139–143, que se refieren a alguna aflicción individual física o moral;

(B) *Colectivos*: 12, 14(=53)[1], 44, 53(=14), 60, 74, 79, 80, 83, 85, 90, 123, 129 y 137, cuando el pueblo pide ayuda en momentos de calamidad nacional, ya sea epidemia, una sequía, una derrota militar o algo semejante.

III. *Acciones de gracias*: 18, 21, 30, 32, 34, 40, 65–68, 75, 92, 100, 107, 116, 118, 124, 126, 136 y 138. Estos salmos son expresiones de gratitud por la ayuda recibida. Como ya vimos, los lamentos ocasionalmente terminan con una expresión de agradecimiento hacia Dios. Es de ahí de donde se origina el salmo de acción de gracias.

Además de estos tres grupos mayores, tenemos otros salmos que pueden identificarse como de un tipo especial, aun cuando muchas veces pertenezcan a algunos de los grupos ya considerados.

1. *Salmos reales:* 2, 18, 20, 21, 28, 45, 61, 63, 72, 89, 101, 110, 132 y 144, utilizados en ocasiones especiales de la vida del rey;

2. *Salmos sapienciales:* 1, 37, 49, 73, 91, 112, 119, 125, 127, 128 y 133. Éstos son meditaciones sobre las normas que han de guiar al ser humano para vivir de acuerdo a la ley de Dios.

3. *Salmos de confianza:* 3, 4, 11, 16, 23, 27, 62 y 131. En estos salmos se afirma la presencia y ayuda de Dios.

4. *Tradiciones históricas:* 78, 105, 106, 135 y 136, en las que se celebra el poder de Dios en apoyo de Israel contra sus enemigos. En ocasiones, como en los Salmos 78 y 106 se confiesa el pecado del pueblo y se cuentan los castigos que Dios les impone.

5. *Liturgias:* 15, 24, 50, 68, 81, 82, 95, 108, 115, 118, 121, 132 y 134. Éstos son salmos de adoración y alabanza utilizados en la adoración en el Templo de Jerusalén.

6. *Salmos acrósticos:* 9, 10, 25, 34, 37, 111, 112, 119 y 145, en los que ya sea cada hemistiquio, cada verso o cada estrofa comienza con una letra sucesiva del alfabeto hebreo.

7. *Salmos de ascenso:* Desde el 120 hasta el 134. Estos quince salmos, también llamados cánticos graduales, eran cantados por los peregrinos que iban rumbo a Jerusalén.

8. *Salmos Halel:* Desde el 113 hasta el 118 y el 136. La palabra hebrea *Halel* (pronunciada *jalel*) significa «alabar». A esto se le añade en hebreo el imperativo plural *u* y la abreviatura del nombre de Dios, *yah* y resulta la palabra hebrea *Haleluyah* que significa «¡Alabad a Jehová!» La palabra pasó del hebreo al griego, de ahí al latín y por fin llegó al castellano: «¡Aleluya!»

Los primeros seis de estos salmos se cantaban en la cena pascual en la que se celebraba el éxodo de Egipto, y el Salmo 136, llamado «Gran Halel» se cantaba al final de la cena. Fue este salmo el que Jesús y sus discípulos cantaron antes de salir para el monte de los Olivos (Mateo 26:30).

9. *Salmos de género mixto*: el Salmo 36, formado por un salmo sapiencial (1-4), un himno (5-9) y un lamento (10-12); y el Salmo 40, con una acción de gracias (1-11) y un lamento (12-17). En este último salmo, los versículos 13 al 17 han sido tomados del Salmo 70.

Estructura del libro

Cuando se preparó la colección del libro de Salmos para el Segundo Templo de Jerusalén, éstos fueron divididos en cinco libros. A manera de introducción a toda la colección, se situó el Salmo 1, y al final de cada uno de los cinco libros se puso una doxología, es decir, una fórmula de alabanza a Dios. Aunque hoy estas se numeran como si fuesen versículos del salmo anterior, lo cierto es que cada una de ellas es independiente del salmo y marca el final de cada uno de los libros. En el caso del Libro V, el Salmo 150 es la doxología, pero ésta cierra no solamente el último libro, sino toda la colección. Además, al final del Libro II, hay un colofón que indica: «Aquí terminan las oraciones de David, hijo de Isaí». Los libros, las doxologías y el colofón están arreglados de la siguiente manera:[2]

Libro I	Salmo 1.1–41.12	Doxología 41.13
Libro II	Salmo 42.1–72.17	Doxología 72.18-19
		Colofón 72.20
Libro III	Salmo 73.1–89.51	Doxología 89.52
Libro IV	Salmo 90.1–106.47	Doxología 106.48
Libro V	Salmo 107.1–149.9	Doxología 150.1-6

Esta división de la colección en cinco libros fue motivada por el Pentateuco, de modo que los cinco libros del Salterio corresponden a los cinco rollos de la ley de Moisés. El arreglo fue el resultado de un proceso de composición sumamente complejo. Por ejemplo, después del colofón (72:20) tenemos los Salmos 86, 101, 103, 108, 110, 122, 124, 131, 133, 138, y 141–145—todos ellos atribuidos a David. Además, tenemos varios salmos que en todo, o en parte, aparecen repetidos: 14=53; 40:13-17=70; 57:7-11=108:1-5; 60:6-12=108:7-13.

La numeración de Salmos

La numeración de Salmos en el texto hebreo es distinta a la de las versiones griega y latina. Muchas Biblias católicorromanas siguen la numeración latina de la Vulgata, mientras que otras siguen la numeración del texto hebreo. Las Biblias protestantes utilizan la numeración del texto hebreo. Además, en las Biblias católicorromanas al título del salmo se le asigna el versículo 1. Así, el Salmo 18:6 en las Biblias protestantes es el 17:7 en la mayor parte de las Biblias católicorromanas. He aquí la correspondencia entre el texto hebreo y las versiones griega y latina:

Texto hebreo	Versiones griega y latina
1–8	1–8
9	9:1-21
10	9:22-39
11–113	10–112
114	113:1-8
115	113:9-26
116:1-9	114
116:10-19	115
117–146	116–145
147:1-11	146
147:12-20	147
148–150	148–150

Es muy importante tomar en cuenta esta variación en la numeración cuando se usa un comentario. De otro modo las observaciones del autor no tienen sentido si usa una numeración distinta a la que usted está acostumbrado a leer en su Biblia.

Además, no todas las versiones tienen el mismo número de salmos. El Salterio de la LXX, tiene 151 salmos, pero entre los Manuscritos del Mar Muerto se ha encontrado la versión hebrea de este Salmo 151 que es, en realidad, dos salmos combinados en uno. Por otra parte la *Peshita* (la versión siríaca) tiene 155 salmos. De ellos los Salmos 151 al 153 no aparecen en otras versiones, pero los Salmos 154 y 155 son el mismo Salmo 151 de la LXX. Esto nos dice que la composición y compilación del libro de Salmos fue un proceso prolongado y con muchas variaciones.

Títulos de Salmos

Los títulos de los salmos a veces se refieren a quien se le atribuye el poema, como al rey David: 3–9, 11–32, 34–41, 51–65, 68–70, 86, 103, 108–110, 122, 124, 131, 133 y 138–145. Otros salmos se atribuyen a Salomón (72; 127), a Asaf (50; 73–83), a los hijos de Coré (42–49; 84; 85; 87 y 88), a Etán (89) y a Moisés (90) Además hay 49 que son anónimos. Pero la cosa no es tan sencilla. Cuando se dice, «Yo tengo un libro de Pablo Pérez», puede significar una de dos cosas: o que el autor del libro es Pablo Pérez, o que el libro proviene de la biblioteca de Pablo Pérez. Cuando se dice «Salmo de David», esto puede significar que el autor del salmo era David, pero también puede querer decir que este salmo pertenecía a los sucesores de David en el trono de Jerusalén.

Demos un par de ejemplos. Cuando el Senado Romano ofreció a Julio César el ser emperador de Roma, él rechazó la oferta. Sin embargo, sus sucesores fueron emperadores y tomaron el nombre de César como una marca de su autoridad imperial. Hoy nos referimos a ellos como los Césares de Roma. De igual manera los reyes de Jerusalén funcionaban como «el David» en tanto que ejercían sus funciones religiosas en el Templo de Jerusalén. El otro caso es que entre los documentos que se encontraron en Ugarit, tenemos varios «Salmos de Ba'al». Esto no significa que ese dios cananeo fue el autor del poema, sino que el salmo era parte del rito de la adoración de ese dios.

Algunos títulos dan datos musicales. Por ejemplo, en 57 salmos se menciona el «músico principal», el levita encargado del coro. A veces se mencionan los instrumentos: *Alamot* ¿oboes?, *Nehilot* ¿flautas? *Neginot* ¿instrumentos de cuerdas?, *Seminit* ¿instrumento de ocho cuerdas? Pero muchos términos no sabemos cómo traducirlos, tales como *Masquil, Mictam* y *Sigaión*. Otros, precedidos de la preposición «sobre», son las melodías del salmo, como *Ajelet-sahar* «La gacela de la aurora» (22), *Gitit* (8; 81; 84), *Mahalat* (53; 88), *Mutlabén* (9).

En la versión de la Biblia que estamos usando, algunos de esos nombres se han traducido como sigue:

«La paloma silenciosa en paraje muy distante» (Salmo 56)

«Lirios» (Salmos 45 y 69)

«No destruyas» (Salmos 57 al 59; 75).

Por último, dentro del texto de 71 salmos aparece la palabra *Selah*, que indica un interludio musical.

---

1 El signo = indica la similitud de un salmo o de parte de un salmo con otro.

2 Para una visión más detallada de los cinco libros y del género literario de cada salmo, véase la «Tabla de los Salmos».

Tabla de los Salmos

En esta tabla se identifica el género y se da la fecha en que se estudia cada salmo. Por todo el libro se usa ese sistema y 3/5 significa «tercera semana, quinto día».

LIBRO I DE LOS SALMOS

1	Salmo sapiencial	13/1
2	Salmo real de coronación	1/1
3	Salmo de confianza	12/1
4	Salmo de confianza	12/1
5	Lamento personal	7/1
6	Lamento personal	6/1
7	Lamento personal	7/1
8	Himno	5/1
9-10	Lamento personal (acróstico)	4/2
11	Salmo de confianza	12/2
12	Lamento colectivo	9/1
13	Lamento personal	7/2
14	Lamento colectivo (=53)	9/1
15	Liturgia	11/1
16	Salmo de confianza	12/2
17	Lamento personal	7/2
18	Salmo real de acción de gracias por la victoria	1/5
19	Himno	5/2

LIBRO III DE LOS SALMOS

LIBRO IV DE LOS SALMOS

Primera Semana
Los salmos reales

Primer día   *Lea* Salmos 2 y 110

PARA ESTUDIAR: David, hijo de Isaí, era un pastor de ovejas que acabó siendo rey de Israel. David logró unificar las tribus y las forjó en una nación que gobernó desde el año 1,000 hasta el 961 a.c. Su hijo y sucesor, Salomón, reinó hasta el año 922 a.c. ¡Dos hombres reinaron sobre Israel por 78 años! Durante sus gobiernos ocurrieron grandes transformaciones, pero la más importante fue el inicio de la monarquía y su impacto religioso basado en la Teología Real. Cuatro ideas formaban la esencia de esta teología: a) el reino de David; b) la ciudad de David; c) la dinastía de David; y d) el Templo de Salomón. El reino era el territorio que se extendía desde el río Eufrates al norte hasta el desierto de Sinaí al sur, y desde el Mar Mediterráneo hasta el desierto de Arabia; la ciudad era Jerusalén, que fue conquistada por David y su tropa personal, y no por ninguna de las tribus de Israel; la dinastía requería que todo rey de Jerusalén fuese descendiente directo de David; y el Templo era, en realidad, la capilla del palacio real.

Una de las más antiguas colecciones que pasaron a ser parte del libro de Salmos fueron los salmos reales. Éstos tenían que ver con la dinastía de David, y formaban parte de ese ideal de que Dios había hecho un pacto único y especial con David y sus descendientes. El Salmo 2 era parte de esa colección, un salmo real que se usaba en la coronación de cada rey de la dinastía de David. Es muy probable que este salmo esté relacionado y quizás sea derivado del Salmo 110, que veremos hoy. Al presente no hay reyes como los de aquellos días, y tenemos que hacer un esfuerzo para imaginarnos la situación, pero pretenda que usted está presente en la capilla del palacio, situada en «Sión, mi santo monte» (6), en el momento en el que el monarca asciende al trono en medio de una solemne liturgia en la que el sacerdote anuncia que Dios ha adoptado al rey como su hijo (7). El sacerdote unge al rey con aceite sagrado y esto establece una relación especial entre el rey y Dios, dándole el poder, la autoridad y la sabiduría para reinar sobre el pueblo de Dios representado por su cetro de hierro (8-9). Téngase en cuenta que unos pocos siglos antes de David el hierro era más valioso que el oro, y que los israelitas no aprendieron a trabajar el hierro hasta el tiempo de David.

El Salmo 110 es otro salmo real, el más citado de todos los salmos en el Nuevo Testamento. Como ya dijimos, está muy relacionado con el Salmo 2, pues tiene que ver también con la coronación del rey davídico. Al comienzo del salmo habla un profeta cúltico, es decir, un profeta asociado con la liturgia del Templo y anuncia: «Mensaje de Jehová», y declara al Rey (*mi Señor*) que Dios le ha llamado a sentarse a su diestra (1). En la iglesia esto se interpretó más tarde como una profecía del ascenso de Jesucristo después de su resurrección. La vara es el cetro de hierro que vimos en el otro salmo (2). El versículo 3 es uno de los más difíciles de traducir en toda la Biblia. Se han sugerido diversas traducciones, pero ninguna hace justicia al texto. En la Septuaginta dice: «Tú eres príncipe en el día de tu poder, con esplendor de santidad; antes de la aurora yo te he engendrado.» Este pasaje tuvo mucha influencia en el cristianismo porque la iglesia primitiva usaba la Septuaginta en lugar del texto hebreo.

PARA MEDITAR Y HACER: La palabra «ungido» es «Mesías» en hebreo y «Cristo» en griego. Todos los reyes de Israel eran ungidos, así que todos ellos eran mesías o cristos.

- ¿Qué nos dice esto cuando llamamos a Jesús de Nazaret, Mesías o Cristo?

- ¿Qué nos enseñan estos dos salmos sobre el culto del pueblo de Israel en el Templo de Salomón?

- ¿En qué se diferencian sus prácticas de nuestro culto cristiano?

- ¿En qué forma se semejan a nuestra propia liturgia?

PARA ESTUDIAR: Los dos salmos que estudiamos hoy también forman parte de la ceremonia de coronación. El Salmo 101 es una confesión de fe en la que el rey promete ser fiel a los principios del Dios de Israel: «Misericordia» y «Justicia» (1). El rey invoca la presencia de Dios cuando dice: «Entenderé el camino de la perfección cuando vengas a mí» (2), y declara que repudia toda «cosa injusta», que aborrece a los que se desvían (3), a los malvados (4), a los que son altaneros y de corazón vanidoso (5). Por otra parte, «el que ande en el camino de la perfección» será llamado a servir al rey (6). Se rechaza al fraudulento y al mentiroso (7) y se destruye a los impíos para asegurarse de que «la ciudad de Jehová», Jerusalén, será un lugar limpio para el servicio de Dios.

Nótese que en los versículos 2 y 6 se habla de la perfección a la que Dios llama al rey y a su pueblo. También Dios nos llama a nosotros a esa perfección. Ser perfecto es ser perfecto en el amor, y es por eso que Jesucristo satisface la necesidad de la perfección y cumple la intención de este salmo.

El Salmo 72 cubre sólo los primeros diecisiete versículos (véase la «Introducción» para una explicación más detallada). Este salmo real, parte de la ceremonia de coronación, era una oración en favor del rey. La plegaria busca que el rey gobierne con justicia, y como que según la tradición de Israel Dios le otorgó a Salomón sabiduría para actuar con justicia, de ahí vino el título hebreo del salmo: «Para Salomón». Tiempo más tarde, cuando ya no había reyes en Israel, los judíos entendían este salmo como promesa del Rey Mesías que habría de venir. La Iglesia, por su parte, lo interpretó con referencia a Jesucristo.

Según esta plegaria, el rey de Israel tenía que asegurar un orden social justo mediante sus juicios (1), y defender el derecho del débil con su justicia (2). Es de este modo que el rey participa en la justicia divina al servicio del pueblo. La «paz» (en hebreo *Shalom*) a la que se refieren los versículos 3 y 7 no es solamente la ausencia de guerra, sino que es una condición en la que todos, de toda clase y condición social, disfrutan de un sentido de bienestar y de justicia. Así los montes ofrecen paz y los collados justicia para socorro de los pobres y beneficio del pueblo (3). Este rey ha de salvar a los hijos de los menesterosos y aplastará al opresor (4). Su autoridad está enmarcada en el tiempo y se expresa cuando dice, «mientras duren el sol y la luna», es decir, en tanto que exista orden en el universo este rey traerá la paz (5-7).

De igual manera, su dominio en el espacio se afirma cuando dice «¡Dominará de mar a mar, / y desde el río hasta los confines de la tierra!» (8).

A lo largo de los siglos el concepto del cosmos ha ido evolucionando. Nuestro concepto actual es que la tierra es uno de los planetas que gira en torno a la estrella que llamamos «sol», y que de esas estrellas hay billones de ellas en la galaxia que llamamos «Vía Láctea». Además, hay billones de esas galaxias en el universo. Pero cuando se compuso este salmo el concepto era muy distinto. La tierra era una inmensa isla rodeada por un gran río (Génesis 2:10), y la autoridad del rey ha de manifestarse por todo este mundo. Los reyes de Tarsis y de las costas, de Sabá y de Seba le rendirán pleitesía al rey de Israel (10).

«Tarsis», hoy llamada Huelva, quedaba en la España actual, en la región de Andalucía, más allá del Estrecho de Gibraltar. «Las costas» eran las regiones costeras del Mar Egeo, hoy entre Grecia y Turquía, así como las del Mediterráneo al sur del Asia Menor. Sabá es el Yemen, al suroeste de Arabia, mientras que Seba es una región en el África, en la costa del Mar Rojo, en lo que hoy es Etiopía.

Sobre los reyes de estas regiones, y sobre todos los reyes de toda la tierra, el rey de Israel habría de ejercer su soberanía pues «todos los reyes se postrarán ante él; / todas las naciones lo servirán» (11). Pero ésta no es una dominación tiránica, como opresor de otras naciones, sino que su poder consiste en extender el reino benéfico a todos los pobres y oprimidos (12-14). Todos oran por el rey continuamente (15). Su autoridad resulta en la fecundidad de los campos (16) y su nombre se perpetúa «mientras que dure el sol» (17).

PARA MEDITAR Y HACER: ¿Por qué nos llama Dios a la perfección? ¿Tengo yo que llegar a la perfección en mi conocimiento? ¿en mi inteligencia? ¿en mi habilidad? ¿o en mi amor a Dios y a mi prójimo? ¿Qué nos enseñan estos salmos sobre la justicia?

Tercer día   *Lea* Salmo 132

PARA ESTUDIAR: Hoy nos toca estudiar sólo un salmo, el 132, uno de los salmos reales, pero que no tiene nada que ver con la coronación del rey como los cuatro salmos que vimos en los dos días pasados. Éste es uno de los llamados cánticos graduales o salmos de ascenso (véase la «Introducción») que cantaban los peregrinos de ida a Jerusalén. El salmo consta de dos secciones: la primera (1-10) enfatiza el intenso deseo de David de construir un templo para albergar el Arca de Jehová en Jerusalén; la segunda, del versículo 11 al 18, se refiere a cómo Dios recompensó a David anunciándole que por ello su descendencia ocupará su trono para siempre.

Los judíos tenían celebraciones anuales en su calendario, de igual manera que nosotros los cristianos tenemos la Navidad, la Cuaresma, la Semana Santa y otras celebraciones. En su caso los cánticos graduales eran cantados por los peregrinos especialmente en las festividades religiosas de la Pascua, cuando se celebraba la salida de Israel de Egipto, Pentecostés o Fiesta de las Semanas, cuando se celebraba la cosecha del trigo, y la de los Tabernáculos, cuando se conmemoraba el peregrinaje por el desierto rumbo a la Tierra Prometida. Los salmos que se cantaban en estas ocasiones no se llamaban salmos de ascenso sencillamente porque Jerusalén estaba en una de las cumbres de la Sierra Central, a unos 750 millas sobre el nivel del mar, sino porque los judíos veían el Templo de Jerusalén como el lugar más cercano a la presencia de Dios.

El Salmo 132 comienza recordando la aflicción de David por su intenso deseo de construir un templo para el Arca de Jehová. En 2 Samuel 7:1-29 se cuenta cómo David quería construir una casa para el arca, pero Dios no se lo permitió. En cambio, Dios le prometió que como consecuencia de su intenso deseo, la Casa de David reinaría para siempre sobre Israel. Fue el hijo de David, Salomón, quien construyó la casa para el Arca, o sea el Templo de Salomón, que era en realidad la capilla del palacio real y este Templo pasó a ser uno de los cuatro puntos principales de la Teología Real (véase el primer día de esta semana donde se explica este concepto). La primera parte de este salmo tiene que ver con el deseo de David de construir la Casa de Dios, y la segunda se refiere a la promesa de Dios de construir la Casa de David.

Cantando este salmo rumbo a Jerusalén, los peregrinos proclamaban una antigua historia que afirmaba el lugar de la dinastía davídica. Nótese, sin embargo, que el salmo anuncia las condiciones necesarias para que este pacto se preservase para siempre:

«Si tus hijos guardan mi pacto
y mi testimonio, que yo les enseño,
sus hijos también
se sentarán sobre su trono para siempre» (12).

En otras palabras, éste es un pacto condicional que depende de la conducta de los descendientes de David. Algunos de los que apoyaban la Teología Real creían que Dios había hecho un pacto incondicional con David y que su dinastía nunca perdería su poder. En este salmo, sin embargo, se enuncia claramente que sus descendientes tendrán que cumplir las obligaciones del pacto.

PARA MEDITAR Y HACER: ¿Por qué todo pacto con Dios requiere que esté condicionado con la obediencia absoluta a su voluntad? Según los cuatro salmos que estudiamos estos dos días, ¿qué requiere de nosotros la voluntad divina? ¿De qué modo fue Jesucristo obediente en esa forma a la voluntad de Dios?

Cuarto día   *Lea* Salmo 45

PARA ESTUDIAR: Éste también es un Salmo real como los que hemos visto durante esta semana, pero es muy distinto a los otros puesto que en lugar de ser una plegaria dirigida a Dios, es un poema en honor al rey. En este caso el título hebreo nos ofrece cierta información que está dirigida «al músico principal», es decir, el director musical del Templo de Jerusalén. Lo primero que nos ofrece es el nombre de la melodía del salmo: «Lirios». Al igual que en nuestros himnarios, tenemos una misma melodía que se usa para varios himnos, en este caso «Lirios» se usaba también para los Salmos 60, 69 y 80. Este salmo pertenece a la colección de «los hijos de Coré», uno de los grupos de la tribu de Leví. A este tipo de salmo se le llama *masquil*, término hebreo cuyo significado exacto no se conoce pero parece ser una composición didáctica o de enseñanza.

El salmo mismo celebra la boda real y se dirige al rey de Israel y le dice que «Dios te ha bendecido para siempre» (2). Los próximos versos declaran su gloria y majestad, y afirman que dominará a todos sus enemigos (3-5). Otra vez se celebra que el rey ha actuado de acuerdo a la voluntad de Dios porque «ha amado la justicia y aborrecido la maldad» (7). Nótese que aun en un salmo en el que se celebra la boda del rey hay mención de la justicia como un atributo esencial del monarca.

En los tiempos que nos conciernen en este estudio, los reyes tenían un harén con muchas esposas y concubinas, la mayor parte de ellas hijas de otros reyes. Esto no era por una obsesión sexual, sino que cuando hacían tratados y alianzas con otros reyes se casaban con la hija del otro rey para asegurar el pacto. Por eso dice el salmista: «Hijas de reyes están entre tus ilustres» (9). Este salmo fue escrito en ocasión de la boda del rey con una hija del rey de Tiro, ciudad fenicia al norte de Israel, junto al Mediterráneo. Pero en este caso ella no será otra mujer del harén, sino que ocupará el lugar de reina de Israel (9-15), pero, sobre todo, la memoria del rey será perpetua y lo «alabarán los pueblos eternamente y para siempre» (17).

El elogio dado en este salmo al rey de la Casa de David se convirtió, cuando se acabaron los reyes de Jerusalén, en un poema que se aplicó al rey Mesías. Y por fin, cuando surgió la fe cristiana se interpretó con referencia a Jesús como el Mesías.

PARA MEDITAR Y HACER: ¿Por qué cree usted que la justicia divina que el rey realizaba era de tanta importancia? ¿De qué manera un salmo que tiene que ver con la boda de un rey pudo ser interpretado con referencia a Jesucristo? Jesús nunca se casó y sus relaciones con mujeres eran muy distintas a las de un rey con un harén. A pesar de ello, ¿qué aspectos ve usted en este salmo que señale a un sentido mesiánico con referencia a Cristo?

Quinto día   *Lea* Salmos 20, 18 y 21

PARA ESTUDIAR: Ayer tratamos con un Salmo real que tenía que ver con la boda del rey. Hoy tenemos tres salmos que se relacionan con otro aspecto de la vida del monarca: la guerra. Recuérdese que el Templo de Jerusalén fue la capilla del palacio real por más de tres siglos, desde su construcción por Salomón hasta que se convirtió en el santuario nacional en tiempos del rey Josías, en el año 621 a.C. De ahí en adelante duró apenas treinta y ocho años hasta que lo destruyó Nabucodonosor, rey de Babilonia, en el año 587 a.C.

Durante estos tres siglos los Salmos reales formaban el centro del culto en el Templo de Jerusalén, y como que al rey le tocaba ir a la guerra, los salmos reales tenían que ver con ella. Veamos el Salmo 20. Como en todos los salmos, aquí tenemos la letra del salmo, pero nada de la música. A pesar de ello podemos imaginarnos lo que ocurría; el coro de la capilla real canta los primeros cinco veros mientras que el rey cumple con su responsabilidad litúrgica. Puesto que al rey se se le avecina «el día de conflicto» el coro pide que «el nombre de Dios te defienda» (1) y que le «envíe ayuda desde el santuario» (2). Al tiempo que canta el coro el rey presenta sus ofrendas a Dios y ofrece el «holocausto» (sacrificio de un animal que se incinera por completo sobre el altar) (3).

Viene ahora un interludio musical (véase *Selah* en la «Introducción») y un momento después canta un solista, seguramente un profeta cúltico que anuncia la consecuencia de la liturgia: «Ahora conozco que Jehová salva a su ungido . . . con la potencia salvadora de su diestra» (6). Canta ahora el coro de la capilla de palacio los versículos 7 y 8 donde se declara esa verdad bíblica de que la fuerza del pueblo de Dios no está en las armas o en el poderío humano, sino en el poder divino. Por último con el versículo 9 seguramente el coro irrumpe en un una exaltación tan intensa como lo es el ¡*Aleluya!* de Handel.

En este esbozo del Salmo 20 hemos tratado de ayudarle a concebir la liturgia del Templo de Jerusalén como si usted estuviese allí, presenciando lo que ocurre con el rey, el coro y los sacerdotes. Lea ahora los Salmos 18 y 21 traten de hacer lo mismo. Éstos son dos Salmos de acción de gracias por la victoria tras la batalla. De paso, el Salmo 18 aparece también en 2 Samuel 22:1-51.

Veamos unos pocos conceptos del Salmo 18. En el versículo 4 dice «los torrentes de la destrucción»; pero en hebreo dice «los torrentes de Belial». En el pensamiento hebreo *Belial* significaba la muerte y tiempo más tarde, en el judaísmo, pasó a ser un nombre popular del diablo. Y en el versículo 5 se menciona el «seol». El *seol* es el lugar de los muertos, pero no lo confundamos ni con el infierno ni con el cielo. En este período del Antiguo Testamento no había concepto de recompensas o castigos más allá de la muerte, pues no había un concepto del alma que continuaba en existencia cuando moría el cuerpo. El *seol* era el lugar de los muertos sin distinción alguna entre los buenos y los malos. Era un lugar oscuro, en lo más profundo de la tierra, lugar de silencio donde no se podía alabar a Dios y donde Dios no atendía a los muertos.

El versículo 10 dice: «Cabalgó sobre un querubín y voló; / voló sobre las alas del viento». El «querubín» se originó en la mitología fenicia y tenía la figura de un león alado con cabeza humana. Salomón contrató con Hiram, rey de Tiro, para la construcción del Templo de Jerusalén (1 Reyes 5:1-6:38) y como consecuencia esta capilla real introdujo muchos aspectos de la religión y mitología fenicia. Los querubines que se representan en el arte cristiano son muy diferentes. Lo que ocurrió es que cuando comenzó el «Renacimiento» en el siglo XIV de nuestra era, los artistas cristianos no tenían la menor idea de cómo lucía un querubín y acabaron usando la figura de Eros o Cupido, que eran de la mitología griega y romana para representarlos como pequeños ángeles.

Acá tenemos un salmo real de petición por la victoria, y otros dos de Acción de gracias por la victoria, salmos de guerra, salmos de lucha, salmos de destrucción del enemigo. Y estos salmos fueron interpretados más tarde como salmos mesiánicos que se refieren a Jesucristo. Pero Jesús es el Príncipe de paz, quien nos enseña a perdonar a nuestros enemigos, y que difunde su amor por todas partes.

PARA MEDITAR Y HACER: ¿Cómo pueden ser identificados estos salmos con la función mesiánica de Jesús? ¿Qué dificultades ve usted en eso? ¿Qué ventajas?

Sexto día   *Lea* Salmos 28 y 61

PARA ESTUDIAR: El título hebreo del Salmo 28 lo identifica como «Salmo de David», pero véase la «Introducción», en la sección «Títulos de los salmos» donde hay una explicación sobre el significado de ese título. En este caso es obvio que el salmo no lo compuso David. En el versículo 2 dice «cuando alzo mis manos / hacia tu santo Templo», pero el Templo de Jerusalén lo construyó Salomón, el hijo de David, así que el Templo no existía en tiempos del rey David.

En el versículo 1 se refiere a Dios como «Roca mía». Ésta es una alusión muy frecuente en toda la Biblia, especialmente en el libro de Salmos, y se refiere a la firmeza y estabilidad de Dios. Dios no es débil y efímero, sino que es todo lo contrario y por eso podemos depender de él. Los primeros cinco versículos son la súplica de un rey por el peligro mortal que le amenaza. Los versículos 6 y 7 proclaman la certidumbre de que Dios ha oído los ruegos y peticiones que se le han hecho, y los dos últimos versículos proclaman que el rey y su pueblo serán bendecidos por Dios.

El Salmo 61 es otra de las liturgias del Templo de Jerusalén cuando éste era la capilla real. Para el título de la melodía, «*Neginot*», véase la «Introducción». En uno de esos «paralelismos sinónimos», como los que vimos en la «Introducción», el rey pide a Dios que oiga su oración. Evidentemente el rey está al borde de enfrentarse con el enemigo y asegura a Dios que dondequiera que esté, clamará a Dios cuando desmaye su corazón (2 y 3). Las «alas» en el versículo 4 son las alas de los querubines que se extendían de pared a pared sobre el Arca del pacto, que se guardaba en el Lugar Santísimo del Templo. Y ahora viene un *Selah*, es decir, un intermedio musical. Al terminar este intermedio el rey declara que Dios ha oído sus votos hechos durante este tiempo y que por tanto le ha «dado la heredad de los que temen tu nombre», es decir, la Tierra Prometida, Canaán. El coro de la Capilla Real irrumpe en el canto de los versículos 6 y 7 y por fin el salmo termina cuando el rey declara con su canto:

«Así cantaré tu nombre para siempre,
pagando mis votos cada día» (8).

Otra vez tenemos aquí un par de salmos en los cuales es obvio que su referencia inicial es al rey de la dinastía davídica que regía en Jerusalén, pero todos estos salmos eventualmente fueron interpretados con relación a Jesucristo.

PARA MEDITAR Y HACER: ¿Qué diferencias hay entre Jesús y los reyes de la dinastía davídica? ¿Qué semejanzas? ¿Por qué aceptó la iglesia estos salmos con referencia a nuestro Señor? ¿Qué piensa usted de esto?

Séptimo día   *Lea* Salmos 89:1-51 y 144

PARA ESTUDIAR: Hoy llegamos al último día de esta primera semana en la que hemos estudiado los salmos reales. En esta sesión en la que compartimos con nuestros compañeros y compañeras de estudio, trataremos los dos últimos salmos de este tipo y veremos lo que ellos significan para nosotros. Pero quizás alguno de ustedes se haya preguntado por qué es que comenzamos el estudio con los salmos reales. Después de todo, en nuestra sociedad no hay reyes y cuando analizamos los salmos reales nos resultan muy extraños. Hay dos razones para hacerlo: en primer lugar, porque esto nos da una idea de la variedad y riqueza de los salmos, y en segundo lugar, porque todos los salmos vienen de un período muy distinto al nuestro y con estos salmos reales podemos comenzar a vislumbrar lo que aquel mundo significaba para los que en él vivían. La revelación en Cristo Jesús transformó de manera radical el pensamiento religioso de aquellos tiempos y sin abrogar todo lo que ellos pensaban y creían, le dio a sus ideas un nuevo sentir, una nueva realidad.

Pero veamos ahora estos dos salmos. El primero es el Salmo 89. Como ya vimos en la «Introducción», el versículo 52 no es parte de este salmo. Ésta es la doxología que concluye el Libro III de Salmos diciendo:

> «¡Bendito sea Jehová para siempre!
> ¡Amén y amén!».

Esta doxología la estudiaremos el último día de la última semana. El resto del salmo está compuesto de dos partes: la primera es una evocación del pacto de Dios con David (1-37) y la segunda es un lamento personal del rey (38-51). Es evidente que este salmo fue compuesto cuando la dinastía davídica estaba a punto de perecer, poco antes de la caída del reino de Judá ante las fuerzas de Nabucodonosor, rey de Babilonia (alrededor de 587 a.C.).

El título hebreo lo identifica como «Masquil de Etán ezraíta». Como aclaramos en la «Introducción», la palabra «Masquil» no se sabe cómo traducirla, aunque parece estar relacionada con «instrucción». Es posible que signifique una composición poética que busca dar una enseñanza. Etán era uno de los cantores de David que tocaba címbalos de bronce (1 Crónicas 15:17, 19). Ezraíta se refiere a su genealogía como descendiente de Zera quien pertenecía a la tribu de Judá (1 Crónicas 2:6).

El salmista apela a la «misericordia» y «fidelidad» divina varias veces (2, 14, 24, 28, 33) según éstas se han manifestado en su pacto con David. Este pacto aparece por vez primera en la profecía de Natán (2 Samuel 7:12-16) y se menciona en el salmo en los versículos 3 y 4, así como en el comentario poético de los versículos 19 al 37. Los versículos 5 al 18 declaran el poder y la grandeza de Dios. No hay nadie con quien pueda compararse: «Jehová, Dios de los ejércitos, ¿quién como tú?» (8). En el versículo 10 se menciona a «Rahab». Éste es uno de los nombres de un monstruo que aparece con mucha frecuencia en la mitología de pueblos del Antiguo Cercano Oriente. Una de las composiciones más completas que tenemos es el poema épico «Enuma Elish», de Babilonia, en el que el dios Marduk derrota al dragón Tiamat y con sus despojos construye el universo. Este poema fue parte de la celebración del año nuevo en Babilonia durante más de mil años, pero sus orígenes se remontan a la antigua civilización sumeria y quizás mucho antes de ella. Según este mito tan difundido, el mundo fue creado cuando uno de sus dioses derrotó al dragón del caos quien habitaba en el mar. El salmista usa este concepto mitológico para indicar la actividad creadora del Dios de Israel.

En el versículo 12 se mencionan dos montes, Tabor, que domina la llanura de Jezreel, llamada después en tiempos del Nuevo Testamento «Esdraelón», entre Samaria y Galilea, y el monte Hermón, mucho más al norte, que marcaba el límite del territorio que los israelitas conquistaron. Al terminar esta sección de alabanza a Dios dice el versículo 18: «Jehová es nuestro escudo; / nuestro rey es el Santo de Israel». Nótese que en el versículo siguiente, donde comienza la descripción del pacto davídico, aparece otra vez la palabra «santo». En esta versión de la Biblia una vez aparece con mayúscula y en el siguiente versículo con minúscula. En otras palabras, en el versículo 18 es parte de un nombre dado al rey, «Santo de Israel», mientras que en el versículo 19 se asume que «tu santo» se refiere a otra persona. Por supuesto que en el idioma hebreo no hay distinción entre mayúsculas y minúsculas, pero al leer el pasaje se hace evidente que el versículo 19 se refiere al profeta Natán quien anunció a David las promesas de Dios. Entre ellas se anuncia que Dios hará que el rey davídico ponga «su mano sobre el mar / y sobre los ríos su diestra» (25). Recuérdese que según pensaban los israelitas en aquellos tiempos, Jerusalén estaba en el centro del universo, el Mar Mediterráneo, al oeste, estaba rodeado de toda la tierra, y en torno a esa gran masa de tierra circulaba un río cósmico.

Las palabras del salmista declaran, por lo tanto, que Dios gobernará toda la tierra mediante el Santo de Israel, el rey de la dinastía de David. Así, según la concepción hebrea cada uno de estos reyes serán «el más excelso de los reyes de la tierra» (27). En los versículos 29 al 37 se garantiza la sucesión eterna de esta dinastía.

Pero del versículo 38 en adelante se declara que a pesar de esta promesa incondicional dada a David, Dios no la ha cumplido: «Mas tú desechaste y menospreciaste a tu ungido, / y te has airado con él. / Rompiste el pacto de tu siervo». De acá en adelante éste es un lamento personal del rey que clama «¿Hasta cuándo, Jehová? ¿Te esconderás para siempre? . . . ¡Recuerda cuán breve es mi tiempo!» (46-47). «Señor, ¿dónde están tus antiguas misericordias, / que juraste a David según tu fidelidad?» (49). El dolor y la angustia del rey es un lamento personal intenso, lleno de pena y de dolor.

El mismo tema lo tenemos en el salmo final de esta serie, el Salmo 144, un lamento personal. La primera parte, hasta el versículo 11, es de un rey de la dinastía davídica que le pide a Dios el ser liberado de sus enemigos. Del versículo 12 en adelante el mismo rey ruega por un destino feliz para su pueblo.

A lo largo del estudio de esta semana hemos visto la extensa variedad de los salmos reales. En las próximas semanas veremos otros salmos que en cierta manera se semejan a éstos, pero en este caso tenemos a un rey de Jerusalén como centro de toda esta acción.

PARA MEDITAR Y HACER: ¿Qué nos enseñan estos Salmos reales para nuestra vida espiritual? ¿De qué manera nos ayudan las lecturas que hemos hecho a entender las responsabilidades de los que ocupan funciones políticas en nuestra sociedad?

SESIÓN PARA EL GRUPO DE ESTUDIO: Comience la reunión del grupo de estudio con una oración, rogando a Dios que ayude a los participantes a abrir sus mentes y sus experiencias. El instructor debe dar oportunidad a cada participante a que brinde al resto de la clase su entendimiento, sus notas y sus preguntas derivadas del estudio semanal. Permita que cada uno que desee compartir con el grupo lo que ha aprendido pueda hacerlo. Pueden usar el espacio en blanco que aparece al pie de esta sección para escribir sus pensamientos.

En cuanto a este primer estudio, pida a cada persona que haga lo siguiente:

- anote en su libreta tres cosas que estos salmos reales nos dicen a los cristianos;

- termine de escribir esta oración: «Los salmos reales nos ayudan a servir al prójimo. . . ;

- termine de escribir esta otra oración: «Los salmos reales nos ayudan a servir a Dios. . . ;

- escriba un párrafo en el que explique lo que aprendió en el estudio de esta Primera Semana;

- anote cinco cosas en la que este estudio le ayuda en su vida cristiana.

Tenga una discusión sobre la base de todas estas respuestas y lo que las personas en el grupo anotaron en sus estudios durante la semana.
Termine esta sesión con una oración.

Segunda Semana
Cánticos de Sión e
himnos de entronamiento

Primer día   *Lea* Salmos 46 y 48

PARA ESTUDIAR: Cuando la semana pasada estudiamos los Salmos reales, vimos la importancia que tenía la Ciudad de Jerusalén para la Teología Real. Fue David quien la conquistó y lo hizo no con los ejércitos de Israel ni con las fuerzas de ninguna de las tribus, sino con el grupo de hombres que le había seguido y servido cuando tuvo sus pugnas con Saúl y cuando fue mercenario al servicio de los filisteos. Ése era su ejército particular, privado, y por eso cuando conquistó a Jerusalén y la hizo su capital, ésta se llamó la «Ciudad de David» (2 Samuel 5:6-10). El nombre original de la ciudad era Jebus, una ciudad pequeña, de unos 1500 habitantes, situada en la colina de Sión. Cuando Salomón construyó su palacio y la capilla real o «Templo de Salomón», la ciudad creció hacia el norte y el nombre de Sión se extendió al monte donde se construyeron esos edificios. Al pasar de los siglos, la ciudad continuó creciendo y se dio el nombre de Sión a toda Jerusalén. Los Salmos 46, 48, 76, 84, 87 y 122, que estudiaremos al principio de esta semana, son los «Cánticos de Sión».

La palabra *alamot* en el título hebreo posiblemente significa un instrumento musical (véase la «Introducción»). Los hijos de Coré son un grupo de músicos que se mencionan en los Salmos 42, 44-49, 84, 85, 87 y 88. Estos salmos evidentemente pertenecían a una colección de este grupo musical.

La Ciudad de Jerusalén estaba bien lejos del mar. Los versículos 2 y 3 aluden, por lo tanto, a la mitología del Antiguo Cercano Oriente, en la que el mar se identificaba con el caos que existía antes de la Creación (Génesis 1:2). Por lo tanto, el Salmo 46 declara que aun cuando haya una amenaza de regresar al caos original, cuando parezca que todo el mundo será destruido, la gente de fe no ha de temer porque «Dios es nuestro amparo y fortaleza, / nuestro propio auxilio en las tribulaciones» (46:1).

Jerusalén tampoco tenía ningún río en su proximidad, así que cuando el salmo menciona las corrientes del río (4), otra vez está aludiendo a la mitología primitiva con el río que nacía en el Edén y después se dividía en cuatro ríos (Génesis 2:10). Son estos ríos los que «alegran la ciudad de Dios» (Salmo 46:4) y esta ciudad no será conmovida porque Dios está en medio de ella (46:5).

Recuerde que el Templo estaba en Jerusalén y dentro del Templo estaba el Lugar Santísimo donde, según el pensamiento hebreo, Dios residía. La presencia de Dios les protegía: «¡Jehová de los ejércitos está con nosotros! / ¡Nuestro refugio es el Dios de Jacob!» (Salmo 46:7, 11). En medio de las ansiedades de una posible guerra y destrucción, Dios les dice: «Estad quietos y conoced que yo soy Dios» (10).

El Salmo 48 es también un «Salmo de los hijos de Coré». Se cantaba cuando los peregrinos ascendían a Sión, donde estaba el Templo de Jehová, especialmente en las grandes fiestas de peregrinación: 1) la Pascua y la «Fiesta de Panes Sin Levadura», ambas fundidas en una sola, cuando se celebraba el éxodo de Egipto; 2) la «Fiesta de la Cosecha», o «Fiesta de las Semanas», llamada «Pentecostés» cuando la mayor parte de los judíos hablaban griego en lugar de hebreo; y 3) y la «Fiesta de los Tabernáculos», cuando los judíos acampaban en recordatorio del peregrinaje por el desierto. En este salmo se celebra el poder de Dios que da a la ciudad de Jerusalén una protección bien segura.

En el Salmo 48:2 se dice que el monte Sión está «a los lados del norte», pero como ya hemos visto, el monte Sión está al sur de Jerusalén. ¿A qué se debe esto? Esto no es una referencia geográfica, sino que se refiere a una mitología compartida por los pueblos del Cercano Oriente quienes creían que en el norte se encontraba un monte en el que se reunían los dioses. Pero el salmista declara que el verdadero centro del poder, el lugar donde está el «gran Rey», a saber, Dios, es aquí, en el monte Sión, en el Templo de Jerusalén y no en esa montaña mitológica.

En tiempos del Antiguo Testamento la mayor parte de la navegación era de cabotaje; los barcos siempre andaban cerca de la costa y se orientaban viendo la orilla del Mar Mediterráneo. Los únicos que navegaron en la mar abierta eran los fenicios, grandes navegantes que sabían cómo orientarse sin tener que ver la costa. Los fenicios construyeron unas embarcaciones superiores a todas las otras, las llamadas «naves de Tarsis», las cuales derivaron su nombre de una región en España (véase el Salmo 72 en 1/2). Pero aun estas poderosas embarcaciones no eran nada frente al Dios de Israel. El «viento solano» venía desde el este, del desierto, y soplaba árido y tormentoso, y el salmista anuncia que bajo el poder de Dios este viento destruye lo que la mano humana ha hecho, inclusive las naves de Tarsis (48:7). El resto del Salmo 48 celebra el poder de Dios y de su protección sobre el Templo en Sión. Las «hijas de Judá» son las ciudades de ese territorio (11), y todas ellas se complacen por la protección que Dios les da (14).

PARA MEDITAR Y HACER: ¿Le ha parecido alguna vez que el caos está a punto de arruinar su vida? ¿en tiempos de desesperación por qué Dios nos dice: «Estad quietos y conoced que yo soy Dios» (Salmo 46:10)? ¿Ha tenido la experiencia alguna vez de estar en un lugar sagrado? ¿Dónde? ¿Dónde le parece que reside el poder absoluto? ¿en la política? ¿la economía? ¿los militares?

Pero esos poderes pronto desaparecen. ¿Cuál es la opinión del salmista? Hoy la tecnología muestra su poder, pero las «naves de Tarsis» eran la gran tecnología de su tiempo y Dios las destruyó. ¿Dónde está hoy el poder absoluto?

Segundo día   *Lea* Salmos 76 y 84

PARA ESTUDIAR: Hoy consideraremos otros dos «Cánticos de Sión» en los que se celebra la Ciudad de Jerusalén como el lugar donde reside Jehová. El Salmo 76 pertenece a la colección de Asaf, una familia de levitas que eran cantores en el Templo de Salomón. De esa colección nos vienen el Salmo 50 y del 73 al 83. El nombre de la familia se deriva de su antepasado, uno de los cantores que David puso a cargo del canto en el tabernáculo y que después continuaron laborando en el Templo de Salomón. (Para «Neginot» véase la «Introducción».)

Como que Sión es el lugar donde habla Jehová, allí es donde él se da a conocer (76:1). El nombre de Jerusalén ha variado a lo largo de los siglos. Como ya hemos visto, en un sentido poético y religioso muy usado en los Salmos, se le llamaba Sión. También vimos que cuando David la conquistó, la ciudad se llamaba Jebus. Pero mucho tiempo antes, en época de Abraham, su nombre era Salem, que significa «paz», de donde se deriva el nombre Jerusalén.

El versículo 2 «En Salem está su Tabernáculo / y su habitación en Sión» no se refiere por lo tanto a dos lugares distintos; acá tenemos un caso de paralelismo sinónimo (véase la «Introducción»).

El resto del Salmo 76 asegura que en Jerusalén reside el poder de Dios y nada podrá vencerle: «Allí quebró las saetas del arco, / el escudo, la espada y las armas de guerra» (3).

El texto hebreo dice, en el versículo 4, «montes de caza», pero la traducción al griego dice «montes eternos», lo que es mucho más comprensible.

En el versículo 5 dice los «fuertes de corazón» y para nosotros, en nuestro pensamiento contemporáneo, el corazón significa emoción y sentimiento, pero en aquel tiempo el corazón significaba la inteligencia, el pensamiento, lo que hoy expresaríamos con el cerebro. En otras palabras, los enemigos del pueblo de Dios que eran poderosos en su pensamiento e inteligencia «fueron despojados, / durmieron su sueño» (5); es decir, fueron muertos.

«El carro y el caballo» se refieren a la carroza militar que era una de las armas más poderosas de aquellos tiempos, pero éstos «fueron entorpecidos» (6). Al principio los cananeos tenían tales armas y los israelitas no las tenían, pero Dios les ayudó a vencerlos.

El versículo 10 es de difícil traducción, pero parece significar que el poder de Jehová se sobrepone a la furia de sus enemigos y acaba obligándolos a rendirle homenaje. Esa suprema autoridad divina se proclama repetidas veces cuando el salmista dice: «¡Temible eres tú!» (7, 11 y 12).

El Salmo 84 es también un «Cántico de Sión», pero algo distinto al anterior en cuanto a su estilo. Este salmo pertenece a la colección de los «hijos de Coré» (Salmos 42–49, 84-85 y 87-88), otro grupo similar a Asaf, es decir, otra familia de levitas que también eran cantores en el Templo de Salomón. Pero este salmo parece ser cantado por un solista y un coro. Al parecer los versículos 2 al 4, el 8, y el 10 y 11 son cantados por el solista; mientras que los versículos 1, 5 al 7, 9 y 12 los cantaba el coro.

En el versículo 4 dice «Bienaventurados los que habitan en tu Casa». Éste era el Templo de Salomón en el que había, a ambos lados del templo, tres grandes pisos con numerosas habitaciones para los sacerdotes. Por supuesto que los sacerdotes no vivían todos en el templo, sólo los que estaban de turno en el santuario. Pero cuando les tocaba servir en el Templo, esto era un privilegio muy especial.

Los caminos a los que hace mención el versículo 5 son los que había que andar para llegar a Jerusalén y al Templo. Los judíos de aquel tiempo no iban al Templo semana por semana como hoy lo hacemos los cristianos. Cada día había sacrificios y ofrendas en el Templo, pero el ansia de cada uno era el ir al Templo por lo menos una vez en su vida, algo similar a los mahometanos que desean peregrinar a la Meca por lo menos una vez. A partir del exilio en Babilonia (597–532 a.c.), los judíos establecieron sinagogas dondequiera que había siete hombres, y comenzaron a ir semanalmente a ese centro de estudio. Allí se leían las Escrituras, se predicaba sobre ellas, se oraba y se cantaban los Salmos; pero en su pensamiento eso no era adorar a Dios. Para adorarlo había que ir al único santuario, el Templo de Jerusalén. Su sinagoga era algo por el estilo de nuestra escuela dominical, pero no un culto religioso hasta tanto que el Templo fue destruido por los romanos, y la práctica de la sinagoga pasó a ser su culto semanal. En tanto que hubo un Templo la adoración se hacía varias veces al día, pero las grandes fiestas del peregrinaje eran las tres que vimos en el Salmo 48 (2/1).

Recuerde que ésta era la capilla de palacio, y aunque multitud de peregrinos venían a ella, el coro de los Hijos de Coré se acuerda de pedirle a Dios que bendiga al rey de Jerusalén, su «elegido» (9), según la Teología Real. Seguramente el versículo 10 es el que describe de manera cabal el pensamiento de estos adoradores: «Mejor es un día en tus atrios / que mil fuera de ellos. / Escogería antes estar a la puerta de la casa de mi Dios / que habitar donde reside la maldad» (Salmo 84:10).

PARA MEDITAR Y HACER: ¿Por qué los salmos realzan tanto la potencia belicosa de Dios? ¿Por qué es importante entender lo que significa «corazón» en el Antiguo Testamento? ¿Qué nos dice este salmo sobre la diferencia entre el poder temporal y el poder divino? ¿Cómo se puede diferenciar las partes del salmo cantadas por un solista y las cantadas por el coro? ¿Por qué lo que se hacía en la sinagoga no se consideraba adoración? ¿En qué consistía la adoración en el Templo a diferencia de la sinagoga?

Tercer día   *Lea* Salmos 87 y 122

PARA ESTUDIAR: Hoy estudiaremos los dos últimos «Cánticos de Sión». El Salmo 87 es otro de los cánticos que eran parte del repertorio musical de los hijos de Coré. Una de las primeras cosas que dice este salmo es «Ama Jehová las puertas de Sión / más que todas las moradas de Jacob» (2).

¿A qué se refiere el salmista? ¿Cuáles eran las moradas de Jacob? Éstos eran los antiguos y venerables santuarios de Israel: Bet-el, el lugar donde Jacob vio la escalera que ascendía al cielo y a los ángeles descendiendo por ella y donde Dios se le apareció; Siquem, donde Josué ratificó el pacto de Israel con Dios; Silo, donde estuvo el Arca desde la conquista de Canaán hasta el tiempo en que Elí fue juez, y tantos otros santuarios dedicados al culto de Jehová.

«Rahab», la bestia marina de la mitología, significa en esta instancia a Egipto. Además de esta nación, se mencionan a Babilonia, a Filistea, a Tiro y a Etiopía. Nótese que en esta lista aparecen los más encarnizados enemigos de Israel (4). A pesar de que éstos son los enemigos de Israel, Dios les concede a todos ellos la ciudadanía de Sión al decir que «Este y aquel han nacido en ella [Sión]» (5). «Jehová contará al inscribir a los pueblos: / 'Este nació allí'» (6).

El Salmo 122 es otro «Cántico de Sión». En la época de Jesús por cada judío que habitaba en la Tierra Santa, había otros nueve que vivían en otras partes del mundo. La aspiración intensa de cada uno de ellos era visitar, por lo menos una vez en su vida, el Templo de Jerusalén. Con el transcurso de los años, ése fue el único templo en el que los judíos adoraban a Dios pues en el año 621 a.C., durante la Reforma deuteronómica en tiempos del rey Josías, se clausuraron todos los templos dedicados a Jehová. Pero aun desde mucho tiempo antes había ese intenso deseo de visitar el Templo de Jerusalén.

Imagínese que uno de esos judíos estaba en Egipto, en Babilonia o en España, y que al fin tiene la oportunidad de ir a Jerusalén. No es cuestión de ir al aeropuerto y tomar un avión que en pocas horas lo deposite en la otra ciudad. Le tomará meses el viaje, quizás más de un año el hacer ese peregrinaje. Y sin embargo, vea lo que dice: «Yo me alegré con los que me decían: / '¡A la casa de Jehová iremos!'» (1). Éste es un canto del regreso y del regocijo de la visita pues el salmista dice: «Nuestros pies estuvieron / dentro de tus puertas, Jerusalén» (Salmo 122:2).

En el versículo 4 se habla de «las tribus de Jah». *Jah* es una abreviatura del nombre sagrado de Dios. La palabra «dios» no es un nombre propio; es un nombre común. En la antigüedad la gente creía que había muchos dioses: Júpiter, Baal, Quetzalcoatl, Changó y miles y miles de otros dioses. Pero como que nosotros los cristianos sabemos que hay un solo Dios, hemos convertido el nombre común en nombre propio y usamos mayúscula escribiéndolo «Dios». En hebreo el Dios de Israel tenía su nombre propio y no era «Jehová». Al principio el hebreo se escribía sin vocales y el nombre sagrado de Dios tenía cuatro consonantes que, convertidas a nuestro alfabeto romano son YHWH («las cuatro letras»). Como veremos dentro de un momento, ese nombre sagrado acabó convirtiéndose en Jehová, pero fue un largo proceso.

Al principio todos podían decir el nombre sagrado, pero poco a poco fue limitándose su uso. Eventualmente en tiempos de Jesús, la única persona que podía decir el nombre sagrado era el sumo sacerdote, sólo en un lugar, el Lugar Santísimo del Templo de Jerusalén, y sólo una vez en todo el año, el Día de Expiación. Más nadie podía decir ese nombre sagrado y por lo tanto lo sustituyeron por el nombre *Adonai* que significa «Señor» y dondequiera que decía YHWH, el lector de las Escrituras decía *Adonai*. Cuando los romanos destruyeron el Templo en el año 70 d.C., se acabó el sacerdocio y no hubo nadie que pudiera decir el nombre sagrado.

Ocurrió que con el transcurso de los siglos los amanuenses judíos decidieron añadir vocales al texto que tenía solamente consonantes. Comenzaron a hacerlo en el siglo VIII y IX de nuestra era, pero cuando llegaban a YHWH, no pusieron ninguna vocal para que nadie pronunciase ese nombre sacro. Mas como que siempre se decía *Adonai* cuando aparecían las cuatro consonantes YHWH a alguien, se le ocurrió ponerle al nombre sagrado las vocales de *Adonai*.

Así se creó un nombre ecléctico, compuesto de dos palabras distintas, el nombre de propio del Dios de Israel y las vocales de «Señor». El resultado fue «YaHoWaiH», pero todos sabían que tenían que decir *Adonai* aunque las consonantes de YHWH estuviesen allí.

El que primero parece haber combinado las dos palabras para crear una sola fue Raymundo Martín, en el año 1270. Pero quien popularizó esta combinación fue el confesor del Papa León X, Pedro Galatín, quien en el año 1518 argumentó que debía usarse lo que él creía que era el verdadero nombre de Dios, pues no sabía que estaba uniendo dos palabras distintas. La combinación al pasar al latín y después al castellano produjo «Jehová». La vocalización de YHWH es en realidad YaHWeH, y en algunas Biblias castellanas se da el nombre como «Yavé». ¡Todo esto para explicar que en el Salmo 122:4 «Jah» es la abreviatura de YaHWeH!

PARA MEDITAR Y HACER: ¿Por qué el Templo de Jerusalén ocupó el lugar que antes correspondía a los otros templos de Jehová? ¿Qué dice el Salmo 87 respecto a la universalidad del amor de Dios? ¿Qué nos enseña en cuanto a amar a otros? ¿Cómo debemos cambiar nuestra actitud? ¿A qué se debía el inmenso regocijo por ir a Jerusalén y visitar la casa de Dios? ¿Por qué el nombre sagrado de Dios tenía tanta importancia para el pueblo judío?

Cuarto día *Lea* Salmos 47 y 93

PARA ESTUDIAR: Comenzamos ahora el estudio de un nuevo tipo de salmo, los llamados «Himnos de entronamiento». Los Salmos reales de coronación que estudiamos la semana pasada se referían al rey de Jerusalén y los «Himnos de entronamiento» que estudiamos hoy se refieren a Dios. Nótese también que éstos son «himnos». En la Quinta Semana estudiaremos este tipo de composición, pero por ahora digamos que el himno es un cántico de alabanza a la majestad divina.

Veamos el Salmo 47, otro salmo de los hijos de Coré, y, como en todos los Himnos de entronamiento, se celebra a Dios como Rey de toda la creación. Cuando David llevó el Arca a Jerusalén, no lo hizo en secreto, sino todo lo contrario. Aquél fue un momento memorable, con alabanzas, danzas, júbilo y sonido de trompetas (2 Samuel 6:12-15). Este momento histórico no se olvidó, sino que durante toda la monarquía davídica se celebró anualmente con una procesión pública en la que se llevaba el Arca y en la que se cantaban estos himnos de entronamiento.

El versículo 2 se semeja mucho a las exclamaciones que se hacían en la coronación del rey, como vimos la semana pasada (1/1 y 1/2). Aquí es Dios quien es proclamado Rey y se le llama «el Altísimo». Este Dios temible y soberano absoluto, canta el pueblo, «someterá a los pueblos debajo de nosotros / y a las naciones debajo de nuestros pies» (3).

En el versículo 10 «los escudos de la tierra» significan los reyes de las diversas naciones. En otras palabras, los versículos 9 y 10 afirman que la promesa hecha a Abraham en Génesis 12:3 encuentra cumplimiento al reconocer todas las naciones que el Dios de Israel es soberano absoluto del universo.

Vamos a estudiar el Salmo 93 hoy. En éste se honra y se celebra a Dios como Creador de todo lo que existe. Lo que hoy llamamos el universo es una idea derivada de los griegos, pero en aquella época, en el mundo de la Biblia, este concepto no existía. Para ellos el mundo, como ya vimos en el Salmo 72 (1/2), era plano, rodeado por aguas y con una bóveda celestial en la que estaban el sol, la luna y las estrellas, y por encima de la bóveda y por debajo del mundo inmensas aguas del caos contenidas por Dios según la promesa dada a Noé de que nunca más las aguas cubrirían la tierra. Ésta es la perspectiva del mundo que se presenta en Génesis 1:1-2:4a.

Según este concepto, el mundo había sido afirmado sobre las aguas como quien construye una casa sobre un pantano, penetrando grandes columnas dentro de las aguas. Es por eso que el salmista dice: «Afirmó también el mundo y no será removido» (1). Nótese en los versículos 3 y 4 cómo las aguas del caos tratan de destruir la creación divina, pero «Jehová en las alturas es más poderoso / que el estruendo de las muchas aguas» (4). El caos nunca vencerá y la autoridad de Dios sobre toda la creación queda reafirmada.

PARA MEDITAR Y HACER: ¿Cómo es que Jehová, el Dios de Israel, rige soberano sobre todas las naciones? ¿Puede usted imaginarse el regocijo y la algarabía del «himno de entronamiento»? ¿Por qué creían los israelitas en la soberanía absoluta de Dios? ¿Qué importancia tiene el afirmar la autoridad divina sobre todos los aspectos de la creación? ¿En qué manera se relaciona la autoridad de Dios sobre el universo con los aspectos éticos y sociales de la fe?

Quinto día   *Lea* Salmos 95 y 96

PARA ESTUDIAR: El Salmo 95 tiene dos secciones bien marcadas. La primera (1-7a) es un canto de la comunidad para alabar a Dios; el segundo (7b-11) es el mensaje de un profeta cúltico que habla al pueblo en el nombre de Dios.

Aclaremos qué es un «profeta cúltico». Uno de los mal entendidos respecto a la Biblia es la idea de que un profeta es alguien que predice lo que va a ocurrir. En realidad un profeta es alguien que habla en nombre de otra persona, un «vocero», como cuando decimos en español: «Un vocero del Departamento de Estado anunció que . . .».

Por ejemplo, en Éxodo 7:1 Dios le dice a Moisés, «tu hermano Aarón será tu profeta», porque Aarón hablaría en nombre de Moisés.

En ocasiones los profetas hablaban en el nombre de Dios sobre cosas que tendrían lugar en un futuro lejano, pero muchas veces su mensaje tenía que ver con el futuro inmediato, y la mayor parte de las veces su mensaje era sobre el presente o el pasado. Algunos profetas tenían que ver específicamente con el culto y la liturgia en el Templo, y a estos individuos se les llama «profetas cúlticos». Éstos daban en la liturgia un mensaje de Dios, como ya vimos en el Salmo 2 (1/1).

El Salmo 95:1 se refiere a Dios como «la roca». Ésta es una imagen poética que se ve con frecuencia en la Biblia, especialmente en los Salmos, y que representa la firmeza y estabilidad de Dios. Cuando en 95:2 dice «¡Lleguemos ante su presencia con alabanza!», se refiere a llegar al Templo de Jerusalén donde en el Lugar Santísimo estaba la morada de Dios.

El versículo 3 puede causar desconcierto cuando dice que Jehová es «el gran Rey sobre todos los dioses». Después de todo, nosotros creemos que hay un solo Dios, ¿cómo es posible que en la Biblia se diga que Dios reina sobre otros dioses? La palabra que designa nuestra fe en que hay un único, solo y verdadero Dios es monoteísmo. En el idioma griego *mono* significa uno, y *theos* significa «dios», así que «monoteísmo» quiere decir «un dios». En contraste, *poly* significa mucho, y por lo tanto «politeísmo» quiere decir «muchos dioses».

En general se piensa en el contraste entre el monoteísmo y el politeísmo o séase, el creer en un solo dios o en muchos dioses. Pero eso nos confunde, no sólo con este salmo, sino a lo largo de toda la Biblia.

En los albores del Antiguo Testamento no se trató de que el pueblo de Israel creyese que había un único Dios. Recuerde que cuando Dios le dio los Diez Mandamientos a Moisés, le dijo: «Yo soy Jehová, tu Dios, que te saqué de la tierra de Egipto, de casa de servidumbre. No tendrás dioses ajenos delante de mí» (Éxodo 20:1-2).

En este pasaje Dios no niega que hay otros dioses, sino que asume que los hay. Lo que se le prohíbe al pueblo de Israel es adorar a esos otros dioses. En el contexto histórico de aquellos tiempos, recién salidos de Egipto, donde había miles de dioses, y de camino a la Tierra Prometida, donde los dioses de Canaán eran tantos como los de Egipto, Dios no les pide que crean que hay un solo Dios, sino que le adoren a él y a nadie más. Esto no es monoteísmo, sino «monolatría». Antes de que se concluya el Antiguo Testamento, los profetas afirman que Jehová es el único Dios, pero esto es el resultado de un largo peregrinaje espiritual en el que Dios guía a su pueblo para prepararle para la revelación en Cristo Jesús.

En el Salmo 95:8 se citan los episodios ocurridos en *Masah* («prueba») y en *Meriba* («pleito») que se narran en Éxodo 17:1-7. Fue allí donde los israelitas protestaron de las acciones de Dios al sacarlos al desierto en el Éxodo, y dice el profeta cúltico en nombre de Dios, en el versículo 9: «me tentaron vuestros padres». Por ello se pasaron cuarenta años en el desierto y no entraron en «mi reposo» (95:11); es decir, en la Tierra Prometida. Una nueva generación fue la que alcanzó la meta.

El Salmo 96 es un Himno de entronamiento en el cual se anuncia que Dios viene a establecer su reino de verdad y de justicia. En 1 Crónicas 16:23-33 este salmo se cita casi palabra por palabra. Otra vez nos encontramos aquí con el concepto de la supremacía de Jehová sobre los otros dioses. Véase 96:4 donde dice «grande es Jehová y digno de suprema alabanza; / temible sobre todos los dioses»; pero ahora se perfila un sentido más preciso que marcha hacia el monoteísmo cuando se dice: «Todos los dioses de los pueblos son ídolos; / pero Jehová hizo los cielos» (5).

Hay además otro factor sumamente importante cuando se invita, no sólo a Israel, sino a todas las naciones, a rendir tributo y adoración a este Dios. Y cuando dice: «Tributad a Jehová, familias de los pueblos» (7), ésta es una invitación a todas las naciones a participar en el culto al Dios de Israel en el Templo de Jerusalén. Ese mismo tema continúa en el resto del salmo, pues la invitación a adorar a Dios no va dirigida solamente a los israelitas, sino a toda la humanidad.

El clamor «¡Jehová reina!» (10) no se atribuye sólo a los israelitas, sino a toda la comunidad humana, más aún, a toda la creación que recibe bendiciones de Dios (11-13).

PARA MEDITAR Y HACER: ¿Es el profeta cúltico de hoy el predicador? ¿Por qué sí? ¿Por qué no? ¿Por qué demandó Dios monolatría y no monoteísmo? ¿Qué nos dice esto en el día de hoy? Si Jehová liberó a Israel de Egipto y le dio la tierra de los cananeos, ¿por qué ahora se afirma que es Dios de todas las naciones? ¿Por qué se dice además que la creación le rinde homenaje y adoración?

PARA ESTUDIAR: El Salmo 97 comienza con esa exclamación típica de los himnos de entronamiento en los que se celebra a Dios como rey y soberano de todo el universo: «¡Jehová reina!» (1). El mismo tema que hemos visto en los otros salmos de esta semana aparece de nuevo acá. Las palabras son distintas, a veces las imágenes son diferentes, pero en todo momento se afirma una y otra vez la soberanía divina.

Las «muchas costas» (1) son una referencia a las regiones del Mar Mediterráneo, especialmente las costas de lo que hoy se llama Asia Menor, y el Mar Egeo, entre los países contemporáneos de Grecia y Turquía. «Nubes y oscuridad alrededor de él» (2) significa la autoridad suprema de Dios quien es inalcanzable, no hay quien se acerque a él (véase Salmo 18:8-9 en 1/5, y Éxodo 19:16-19). Recuerde que en el Templo de Jerusalén sólo el sumo sacerdote podía entrar ante su presencia en el Lugar Santísimo, y sólo una vez al año. Como los reyes en los países de entonces, la gente común, ni siquiera la nobleza, podía acercarse al rey a no ser que éste le diese permiso.

Los versículos del 3 al 6 se refieren a la autoridad de Dios sobre los seres humanos y toda la creación. El versículo 7 hay que entenderlo en el contexto del pensamiento del Antiguo Oriente. Pongamos un caso por ejemplo:

A principios del milenio II a.C. Babilonia era una pequeña ciudad de Mesopotamia, la región entre los ríos Tigris y Eufrates. Fue entonces que los amorreos la conquistaron y establecieron la primera dinastía de Babilonia. Su sexto rey fue Hamurabi, más o menos contemporáneo con Abraham, quien fundó el Imperio Babilónico, el estado más extenso de aquella época. Entonces cada ciudad tenía su «dios patrono», así como en nuestra América Hispana hay «santos patronos».

Pues bien, el dios patrono de Babilonia se llamaba Marduc, y Hamurabi comisionó a los sacerdotes de Marduc para que redactasen una epopeya en la que se declarase que ese insignificante dios de una pequeña ciudad era el «Rey de reyes y señor de todos los dioses». Esta epopeya se llama *Enuma Elish* y describe como el insignificante dios Marduc libró a todos los dioses de la inminente amenaza de *Tiamat*, dragón del caos, quien iba a matar a todos los dioses. Marduc mató a Tiamat y con su cadáver creó el mundo, y de ahí en adelante los dioses declararon que Marduc era el «Rey de los dioses». Lo mismo ocurrió en Sumer, en Egipto, en Asiria, y en todos los países de esta región; los dioses se presentan rindiendo homenaje a una divinidad suprema. En el caso de este salmo, ésta es una imagen poética, basada en esta antigua tradición cultural, que afirma la derrota de la idolatría y la autoridad suprema del Dios de Israel. (Véase también el versículo 9.)

En el versículo 8 «las hijas de Judá» (véase Salmo 48 en 1/2) es una mención a las ciudades de este reino que, junto con Sión, la capital y sede del Templo, se gozaron y alegraron por la victoria de Jehová. Al final declara este salmo:

«¡Alegraos, justos, en Jehová,
y alabad la memoria de su santidad!» (Salmo 97:12).

El Salmo 98 es muy semejante al 96, que vimos ayer, en cuanto a su forma y contenido. En el 98:3 se afirma que «todos los términos de la tierra han visto / la salvación de nuestro Dios». En los versículos 4 al 6 se invita a toda la tierra a cantar alegres a Jehová diciendo: «Levantad la voz, aplaudid y cantad salmos . . . con arpa . . . con trompetas y sonidos de bocina.» Estos instrumentos musicales no son los mismos que hoy se llaman arpa, trompeta y bocina, ya que han variado muchísimo a lo largo de los siglos, pero sus nombres castellanos son los que mejor simbolizan ciertos instrumentos de cuerda o de viento. El hecho es que la música de los salmos era también un acto de adoración, como lo son hoy los himnos que cantamos en nuestras iglesias.

Además del pueblo de Israel y todas las naciones, la creación misma, inclusive «el mar . . . el mundo . . . los ríos . . . y todos los montes», están llamados a adorar a Jehová (98:7-8), porque él «juzgará al mundo con justicia / y a los pueblos con rectitud» (9).

PARA MEDITAR Y HACER: Si Dios es luz, ¿por qué hay nubes y oscuridad en su alrededor? Puesto que para nosotros los cristianos no hay más que un Dios, ¿qué significa para nuestra fe la referencia a la superioridad de Dios sobre otros dioses? ¿Qué diferencias ve usted entre los Salmos 96 y 98? ¿Qué son las semejanzas?

PARA ESTUDIAR: Éste es el último himno de entronamiento en los cuales se afirma la realeza del Dios de Israel: Jehová. Aquí, como en los otros, se proclama la soberanía de Dios y se declara la grandeza y santidad de Jehová. Como tantas veces en este tipo de salmo, se comienza diciendo «¡Jehová reina!» Referencias que ya hemos visto aparecen aquí de nuevo, como por ejemplo: «Él está sentado sobre los querubines» (99:2). En el Salmo 18 (1/5) ya vimos el origen de los querubines y su significado.

El énfasis principal del Salmo 99 está en la santidad de Dios. En los versículos 3 y 5 se declara «¡Él es santo!», y el 9 dice «Jehová, nuestro Dios, es santo». Con esto hay confusión pues la mayoría de las personas piensan que la santidad divina se refiere a las condiciones éticas y morales, y no es así. La santidad se refiere a la naturaleza de lo sagrado. La palabra «santo» en hebreo es *kodesh*.

Veamos algunos de los lugares en el Antiguo Testamento donde se usa esa palabra. En Éxodo 3:5 Dios le dice a Moisés: «quita el calzado de tus pies, porque el lugar en que tú estás, tierra santa [*kodesh*] es». El Arca del pacto era cosa sagrada, era algo santo. En 1 Samuel 6:19 Dios hizo morir a cincuenta mil setenta hombres de Bet-semes porque se atrevieron a mirar dentro del Arca, y en 2 Samuel 6:6-7 Uza fue muerto por haber tocado el Arca al protegerla para que no cayese al suelo y se rompiese. Y esto fue porque el Arca era cosa sagrada. Pudiéramos seguir enumerando diversos ejemplos, pero pongamos sólo uno.

Cuando el profeta Isaías entró en el Templo de Jerusalén y oyó a los serafines cantando «¡Santo, santo, santo, Jehová de los ejércitos!», clamó «¡Ay de mí que soy muerto!, / porque . . han visto mis ojos al Rey, Jehová de los ejércitos» (Isaías 6:3-5).

Esto es como si uno viese un cartel que dijese:

¡PELIGRO! 50,000 voltios

o

¡PROHIBIDO PASAR! Radiación atómica!

Lo que ha ocurrido es que Dios puso demandas éticas sobre su pueblo, como en los Diez Mandamientos y en tantos otros principios éticos y morales del Antiguo Testamento y del Nuevo. En consecuencia, la santidad de Dios y su llamado a nosotros a ser santos, es decir, a pertenecerle a él por completo, se ha asociado con las demandas éticas y morales, olvidándose de lo que significa en realidad la palabra «santo».

De este Dios, Moisés y Aarón eran sacerdotes suyos (Salmo 99:6); es decir, servían de mediadores entre Dios y el pueblo. Samuel también intercedió por el pueblo de Israel (1 Samuel 7:8-12). Ellos guardaron los estatutos y principios que Dios les había dado.

PARA MEDITAR Y HACER: ¿De qué manera le ayudó a entender la naturaleza de Dios al considerar lo que quiere decir «santo»? ¿Qué significa para usted entender que las leyes éticas y morales de Dios son santas? ¿Qué fue lo que aprendió en el estudio de la Segunda Semana? ¿De qué manera le ayuda en su vida cristiana?

SESIÓN PARA EL GRUPO DE ESTUDIO: Para cada reunión del grupo de estudio siga el formato de la primera sesión. Tenga una oración para que Dios provea ayuda para aprender y compartir las experiencias. El instructor debe dar oportunidad para que cada participante brinde al resto del grupo su entendimiento, sus notas y sus preguntas derivadas del estudio semanal. Permita que cada uno que desee compartir con los demás lo aprendido pueda hacerlo.

En cuanto a este segundo estudio, organice la clase en pequeños grupos de tres personas:

- Cada grupo decidirá las cuatro cosas que más les interesaron de los «Cánticos de Sión».
- Cada grupo debe reportar a toda la clase, explicando por qué seleccionaron estos cuatro temas.
- Toda la clase debe seleccionar los dos temas que les sean más importantes. Anótelos donde todos lo puedan ver.
- Reorganizar ahora sus pequeños grupos de tres y hacer la misma cosa con los himnos de entronamiento.
- De estos cuatro temas cada persona debe seleccionar lo que le parezca más importante y escribir en su libreta un párrafo que comience así:

«Para mí lo más interesante, y lo que más me ayuda en mi vida espiritual es *(diga el tema)* porque. . .»

Al terminar, lea cada uno lo que escribió y participen en una discusión. Termine la sesión con una oración.

Tercera Semana
Salmos de ascenso

Primer día   *Lea* Salmos 120 y 121

PARA ESTUDIAR: Esta semana estudiaremos un grupo de quince salmos que van del 120 al 134 y cuyo título en hebreo es salmos de ascenso o cánticos graduales. Así como los salmos reales que estudiamos en la Primera Semana, los salmos de ascenso pertenecen a distintos géneros literarios, pero los estudiaremos según su función. Éstos eran salmos que cantaban los peregrinos cuando «ascendían» a Jerusalén, especialmente en las tres grandes fiestas de la Pascua y los Panes sin Levadura, la Cosecha o las Semanas y los Tabernáculos (véase Salmo 48 en 2/1). El nombre de estos salmos no se derivaba sencillamente del hecho de que Jerusalén estaba a más de 750 metros (2745 pies) sobre el nivel del Mar Mediterráneo, y a unos 1,080 metros (3564 pies) sobre el Mar Muerto. Su nombre se deriva de la creencia de que el Templo de Jerusalén era el punto más próximo a la morada de Dios en los cielos. Ya hemos visto dos de estos salmos: el 122, un «Cántico de Sión» en 2/3, y el 132, un salmo real en 1/3. El resto los estudiaremos ahora.

Veamos el Salmo 120 que es un lamento personal. Estudiaremos estos lamentos en la Sexta Semana, pero éste lo estudiaremos hoy por ser un «salmo de ascenso». El salmista que lo compuso se lamentaba diciendo:

«¡Ay de mí, que moro en Mesec
y habito entre las tiendas de Cedar!» (5).

Mesec era una región que quedaba en el extremo norte del Asia Menor, junto al Mar Negro. El origen de esta población, según la tradición judía, era de uno de los hijos de Jafet, hijo de Noé (Génesis 10:2). Cedar era una de las tribus nómadas del Desierto de Arabia, y según la tradición judía, eran descendientes del segundo hijo de Ismael, hijo de Abraham (Génesis 25:13). Estos dos pueblos representan simbólicamente la excesiva crueldad de los enemigos del salmista.

Por eso, en su desesperante angustia, él clamó a Jehová:

«¡Libra mi alma, Jehová, del labio mentiroso
y de la lengua fraudulenta!» (2)

En la Biblia «alma» no significa lo que los cristianos pensamos hoy. Esa idea de que «cuerpo» y «alma» son dos cosas distintas, una física y la otra espiritual, nos viene de la filosofía griega. Pero en la Biblia «alma» originalmente significó «vida» (Génesis 2:7), y de ahí se derivó su significado posterior que significa la totalidad de la persona. Es de esto lo que cantaban los peregrinos pues sus vidas, sus personas, habían sufrido grandemente por las lenguas engañosas de sus enemigos.

El salmista condena la «lengua engañosa» (3) y la describe como «agudas saetas de valiente / con brasas de enebro» (4). Estas agudas saetas de valiente significan «flechas agudas del guerrero», y estas flechas llevan consigo brasas de una planta, el enebro, que arden dando intenso y prolongado calor. En otras palabras, la lengua engañosa hiere profundamente y arde y quema con intensidad y por mucho tiempo.

Dicen los peregrinos, yo he vivido mi vida en medio de los que odian la paz, y esta vida es sumamente difícil.

«Yo soy pacífico,
pero ellos, apenas hablo, me hacen guerra» (7).

Allá, en el Templo de Jerusalén, iban en busca de la paz que los confortase.

El Salmo 121 es una de las liturgias que estudiaremos en la Undécima Semana, pero ésta la vemos hoy por ser uno de los Salmos de ascenso. Vea el versículo 1:

«Alzaré mis ojos a los montes.
¿De dónde vendrá mi socorro?»

Recuerde que Salomón construyó el Templo de Jerusalén con el propósito de usarlo como la Capilla de Palacio, pero por entonces había otros muchos templos de Jehová en Israel. A la muerte de Salomón este reino se dividió en dos, al norte Israel y al sur Judá. El reino de Israel cayó bajo el ataque asirio en el año 721 a.c. y solamente quedó el pequeño reino de Judá.

Cien años más tarde, en el 621 a.c., en tiempos del rey Josías, se encontró en el Templo de Jerusalén el manuscrito que forma el centro del libro de Deuteronomio, y en 12:1-13 se ordena que haya un santuario único y se prohibe que se adore a Dios «sobre los montes altos» y en cualquier otro lugar que no sea el lugar que Dios escogió para hacer su residencia. El rey Josías, en consecuencia, clausuró todos los otros santuarios y prohibió toda otra adoración aparte de la que se rendía en el Templo de Jerusalén.

Era por eso que los peregrinos iban a Jerusalén a visitar el Templo de ese lugar, sabiendo que en ninguna otra parte se podía adorar a Dios. Por otra parte, en el idioma hebreo, cuando se escribieron estos salmos, no había signos de puntuación tales como signos de interrogación o de exclamación. Por lo tanto, vistas las circunstancias históricas y gramaticales, lo más seguro es que el este versículo 1 diría: «¿Alzaré mis ojos a los montes? *¡Por supuesto que no! Entonces, ¿de* dónde vendrá mi socorro?» (Las palabras en itálica son para clarificar el sentido de las dos preguntas).

En otras palabras, la primera línea de este salmo es, en consonancia con las prohibiciones a establecer templos de los dioses cananeos, o aun del mismo Dios de Israel, no una invitación a elevar los ojos a las montañas, sino todo lo contrario.

Por eso dice el salmista en el versículo 2: «Mi socorro viene de Jehová», no de esos *baales* y *asherahs*, dioses cananeos adorados en las montañas. De ahí en adelante, en el resto del salmo, se ratifica la autoridad de Jehová como el que puede guardar y proteger a toda persona que confía en Él.

PARA MEDITAR Y HACER: ¿Se ha sentido usted alguna vez como si tropezase con labio mentiroso y lengua fraudulenta? ¿Cuál ha sido su reacción? ¿Ha buscado la paz en la presencia de Dios como la buscó el salmista? ¿Qué piensa usted de lo que se dijo en cuanto al primer versículo del Salmo 121? ¿Por qué? ¿Hay otros «dioses» que distraen al cristiano y le impiden acercarse a Dios?

Segundo día   *Lea* Salmos 123 y 124

PARA ESTUDIAR: El Salmo 123 es un lamento colectivo, a pesar de que el versículo 1 comienza con la primera persona singular al decir: «A ti alcé mis ojos, / a ti que habitas en los cielos» y parece ser un lamento individual. Pero de ahí en adelante, hasta terminar el salmo, todo tiene que ver con la primera persona plural. Es decir, el «yo» se transforma en «nosotros».

Podemos imaginarnos la situación; un solista comienza a cantar y el resto de los peregrinos se le une en el lamento comunitario. Los peregrinos se presentan ante Dios como siervos y ruegan misericordia (2-3). Pero es interesante la razón por la cual piden a Dios su apoyo: «estamos muy hastiados del menosprecio. / Hastiada está nuestra alma de la burla de los que están satisfechos, / y del menosprecio de los soberbios» (4).

Recuérdese que ya vimos que en la Biblia «alma» significa la totalidad de la persona, y por lo tanto esta gente ha sufrido en sus personas discriminación y opresión y apelan a Dios para que les rescate.

El Salmo 124 pertenece a otro género literario. Éste es una acción de gracias en la cual participaban los peregrinos rumbo al Templo de Jerusalén dándole gracias a Dios por haberlos liberado de un grave peligro. No hay información alguna en este salmo que nos permita identificar a qué eventos se refiere, y por lo tanto pudo aplicarse a muchas situaciones similares, y aún hoy nos da un claro mensaje en nuestras situaciones contemporáneas.

El líder de los peregrinos les invita a cantar un canto evidentemente popular al decirles «De no haber estado Jehová por nosotros» (1), a lo que contestan los peregrinos cantando este mismo canto: «de no haber estado Jehová por nosotros» (2). El canto cuenta del peligro (2-5), pero por fin cantan la alabanza a Dios por la salvación: «¡Bendito sea Jehová!» (6-7), y declara al final esa verdad eterna:

«Nuestro socorro está en el nombre de Jehová,
que hizo el cielo y la tierra» (8).

PARA MEDITAR Y HACER: ¿Ha sentido usted alguna vez menosprecio, discriminación u ofensa? ¿Por qué? ¿Cree usted que en alguna ocasión ha menospreciado, discriminado u ofendido a otra persona? ¿Por qué? ¿Ha sentido usted alguna vez amenaza, agonía u opresión? ¿Por qué? ¿Cree usted que en alguna ocasión ha amenazado, agobiado u oprimido a otra persona? ¿Por qué? ¿De qué manera Dios nos ayuda a vencer todas estas situaciones?

Tercer día   *Lea* Salmos 125 y 126

PARA ESTUDIAR: El Salmo 125 pertenece a un género literario Salmos didácticos o sapienciales, que estudiaremos en la última semana. El nombre del género implica que su propósito es enseñar y difundir sabiduría. En el versículo 1 dice el salmo:

«Los que confían en Jehová son como el monte Sión,
que no se mueve, sino que permanece para siempre».

Pero todos estos peregrinos sabían que a lo largo de los siglos Jerusalén había sido sacudida por terremotos. ¿Por qué entonces decían que Sión no se mueve, sino que permanece para siempre? Porque para ellos, a pesar de los terremotos, el monte Sión estaba firmemente establecido en cuanto a su relación con Dios. ¡Puede que halla terremotos, pero éste es el Lugar Santísimo de Jehová, el Dios de Israel! Así también son quienes confían en Dios. Vendrán problemas y vendrán desastres, pero su relación íntima con Dios seguirá en firme.

Jerusalén se encuentra en la llamada Sierra Central, donde estaban muchas de las principales ciudades judías, con varias montañas en la cercanía (2).

Algunos piensan que «la vara de la impiedad» (3) se refiere a la dominación extranjera bajo la cual vivió Israel después del destierro. Pero lo cierto es que Judá fue favorecida por la política del Imperio Persa la cual, al contrario del Imperio Asirio o del Imperio Babilónico, regresaba a los exiliados que querían regresar a su patria y apoyaba su derecho a que adorasen a sus propios dioses. Así, cuando Ciro el Grande conquistó a Babilonia (539 a.c.), al año siguiente emitió el edicto que terminó el exilio y permitió a los judíos regresar a su tierra, restaurando el culto a Jehová.

El Segundo Templo se construyó en Jerusalén (520-515 a.c.) y Zorobabel, descendiente de David, fue nombrado gobernador de Judá y Josué sumo sacerdote. Tiempo después Nehemías, otro gobernador de Judá, restauró las murallas de Jerusalén y Esdras trajo de Babilonia el Tora o Pentateuco, lo que motivó la compilación del libro de Salmos formado por cinco libros (véase la «Introducción: Estructura del Libro»).

Aun cuando el reino de David no fue restaurado, bajo el Imperio Persa los judíos gozaron de circunstancias favorables muy distintas a la del destierro o, tiempo más tarde a la del Imperio Seléucida (197-142 a.c.), pero para cuando vino esa represión el libro de Salmos ya estaba completo.

La «vara de impiedad» debe verse en cuanto a su relación con «los justos» (3), de modo que el problema es que aquéllos que son llamados a actuar con justicia no pueden extender «sus manos a la maldad». ¡Desgraciadamente cuántas veces ocurren estas cosas! Personas que parecen añorar por una solución justa a los problemas políticos de las naciones acaban corrompiéndose y sumidos en la maldad.

Cuántas veces hemos visto esto en nuestras congregaciones, cuando un pastor, un tesorero, o una persona a quien se le ha dado responsabilidad y autoridad para actuar en nombre de la comunidad de fe, se olvida de su llamado a la justicia y extiende su mano a la maldad.

El Salmo 125 pone en claro que Dios ha de recompensar a «los que son rectos en su corazón» (4) y castigar a «los que se apartan tras sus perversidades» (5).

El Salmo 126 es uno de acción de gracias, como el 124. El texto hace evidente que fue compuesto después de que el edicto de Ciro (538 a.C.) autorizó a los judíos a regresar del destierro, de Babilonia a Sión; es decir, a Jerusalén (1). ¡Qué gran experiencia! Cantaban los peregrinos: «Entonces nuestra boca se llenó de risa / y nuestra lengua de alabanza» (2) porque aun los pueblos enemigos que se habían mofado de Israel ahora tenían que reconocer cuán grande es el poder de Jehová y cómo había redimido a los suyos. Celebran ellos lo que Dios había hecho y su alegría reboza por todas partes (3).

Sin embargo, está la memoria del destierro, cuando añoraban su patria. Por eso piden que su cautiverio se transforme «como los arroyos del Neguev» (4). El Neguev queda al sur de la Palestina y parecía ser una tierra absolutamente desértica, pero fue allí donde se desarrolló el reino nabateo. El área fue transformada radicalmente por los nabateos, que supieron usar las aguas y gozaron de prosperidad en los siglos I a.C. y d.C. Pero desde mucho tiempo antes ya se cantaban estos salmos y se conocía la facultad transformadora de estos arroyos. Los judíos que regresaron del exilio habían sobrevivido en el destierro con llanto, dolor y lágrimas, pero ahora, de regreso, sabían que segarán «con regocijo / trayendo sus gavillas» (6).

¡Qué grande gozo cuando se acabó el destierro y los judíos pudieron regresar a su patria! Habían pasado sesenta años, dos generaciones, y los que regresaron eran los nietos de los que salieron de Judá. Es más; la mayor parte de los judíos se quedaron en Babilonia y este lugar fue el centro del judaísmo, donde se redactó el Talmud de Babilonia, mucho más importante que el Talmud de Jerusalén.[1] No fue hasta el siglo XI d.C. que España, en la cual había judíos desde tiempos de Roma, pasó a ser el centro del judaísmo y Babilonia disminuyó en importancia como sede del centro de estudios y cultura judaica.

PARA MEDITAR Y HACER: ¿Ha sufrido terremotos en su vida? ¿De qué manera Dios le ha ayudado? ¿Por qué tantas personas se ven atraídas por «la vara de la maldad»? ¿Le ha pasado esto a usted alguna vez? ¿Qué nos dice la fe cristiana sobre nuestras tentaciones?

¿Cómo podemos evitar estas afrentas en nuestra iglesia? ¿en nuestras vidas políticas, sociales y económicas? ¿Se ha sentido alguna vez en un desolado desierto de angustias y preocupaciones? ¿En medio de esos dilemas ha encontrado los «arroyos del Neguev»? ¿Cómo le ha ayudado Dios en el fragor del problema?

Cuarto día *Lea* Salmos 127 y 128

PARA ESTUDIAR: El Salmo 127, como el 125 que vimos ayer, es parte de los salmos de ascenso o cánticos graduales de los peregrinos a Jerusalén, pero es además uno de los salmos sapienciales o salmos didácticos porque su propósito es enseñar a los creyentes una verdad fundamental de la vida de fe. En este caso lo que el Salmo

127 instruye es que los esfuerzos y proyectos humanos no valen ni sirven para nada al no ser que Dios los bendiga y los haga prosperar, sobre todo la defensa de la ciudad de Jerusalén. Por eso dice:

«Si Jehová no edifica la casa,
en vano trabajan los que la edifican» (1a).

Es evidente, según el resto del salmo, que «la casa» no se refiere a la estructura física de un domicilio, sino que se trata de la familia. Es por esto que en el título hebreo este salmo se dedica «para Salomón». Salomón no tuvo que pelear guerras como su padre David o como su descendencia, pero tuvo una extensa y vigorosa fuerza militar. Pero de eso no dependió la seguridad de Jerusalén pues «si Jehová no guarda la ciudad, / en vano vela la guardia» (1b).

En el 127:2 se aclara el asunto más aún, pues indica que no importa que uno esté de guardia desde la madrugada hasta el anochecer, y que uno sufra por las responsabilidades de la vigilia. Esto es actividad infecunda, dice el salmista, porque Dios dará a su amado el sueño y la tranquilidad. Esto no endosa la pereza, pero lo que hace es condenar a quienes no confían en el Dios de Israel.

En los versículos 3 al 5a se celebran los hijos, «fruto del vientre». Se comparan los hijos nacidos en la juventud de sus padres con saetas o flechas que en manos del guerrero valiente funcionan bien, y se bendice a quien «llenó su aljaba de ellos»; es decir, a los que tuvieron muchos hijos. El día que le toque enfrentarse con sus enemigos en la puerta de la muralla de la ciudad de Jerusalén, no tendrá angustia alguna pues sus hijos le respaldarán y le apoyarán (5b).

No es seguro que este salmo haya sido compuesto «para Salomón», pero así lo interpretaron los judíos y es testimonio de que ellos veían la familia de Salomón, es decir, la dinastía de David, como una fuerza que defendería a Jerusalén bajo la dirección de Dios.

El Salmo 128 es del mismo género que el otro que vimos hoy. Su tema es que Jehová bendice a los justos dándoles una «casa»; es decir, una familia próspera y feliz. Por supuesto que éste no es el único mensaje en la Biblia, de que Dios bendice a los buenos y los malos sufren. Contra esto se produjo el libro de Job, uno de los libros más extraordinarios del Antiguo Testamento. Ciertamente Jesucristo era perfectamente obediente a la voluntad del Padre, y sin embargo sufrió como nadie nunca ha sufrido. Pero en este período del

Antiguo Testamento no había retribución más allá de la muerte, sino que todo castigo y recompensa tenían que ser dados durante la vida.

Es por ello que dice este salmo:

«Cuando comas el trabajo de tus manos,
bienaventurado serás y te irá bien» (2).

Su mujer, sus hijos son bendiciones y «así será bendecido el hombre / que teme a Jehová» (4). Dado el hecho de que entonces no se concebían recompensas o castigos más allá de la muerte, la bendición al que teme a Jehová es ésta: «¡ . . . que veas el bien de Jerusalén todos los días de tu vida, / y que veas a los hijos de tus hijos!» (5-6).

PARA MEDITAR Y HACER: ¿Por qué es importante que Dios edifique «nuestra casa»? ¿Es el afán por el bienestar familiar suficiente si Dios no obra en ella? ¿Cómo podemos ponerla en manos de Dios? ¿Qué lugar ocupa la iglesia en ese sentido? ¿Qué esperanzas apuntan a la familia? ¿Qué relación íntima hay entre abuelos y nietos? ¿Por qué? ¿Cómo refleja esta relación el amor de Dios?

Quinto día — *Lea* Salmos 129 y 130

PARA ESTUDIAR: El Salmo 129 es un lamento colectivo que se cantaba en el peregrinaje hacia Jerusalén. Las duras experiencias del pueblo judío son el trasfondo de este cántico gradual. A lo largo de toda su historia Israel sufrió grandes dolores, pero gracias a la protección de Jehová lograron avanzar en su fe a pesar de sus penas. Al igual que el Salmo 124 (3/2), el líder de los peregrinos les invita a cantar un canto evidentemente popular diciéndoles «Mucho me han angustiado desde mi juventud» (1), a lo que contestan los peregrinos cantando este mismo canto: «mucho me han angustiado desde mi juventud» y continúan diciendo «pero no prevalecieron contra mí» (2). «Sobre mis espaldas araron los aradores, / hicieron largos surcos». Pero «¡Jehová es justo, / cortó las coyundas [correas de los bueyes] de los impíos!» (3-4).

La referencia a «la hierba de los tejados» (6) es porque las casas estaban hechas de adobe y sus techos eran planos, formados por vigas sobre las cuales se ponían varas de madera cruzadas, y encima de ellas ramas de árboles. Sobre todo esto se ponía una capa profunda de lodo que pronto se secaba y se sellaba. En el techo de la casa había un rodillo de piedra y si llovía mucho, o si con la seca se rajaba el techo, otra vez se ponía una capa de lodo y se usaba el rodillo para asegurarla y darle forma. Es por este lodo que la hierba crecía en los tejados, pero dado el sol intenso y la falta de agua pronto se secaba antes de crecer.

A esto se semejan «los que aborrecen a Sión» (5), y termina el salmo diciendo que de éstos nunca se dirá la bendición que daban los sacerdotes en el Templo de Jerusalén a los peregrinos:

«La bendición de Jehová sea sobre vosotros.
¡Os bendecimos en el nombre de Jehová!» (8).

El Salmo 130 es un lamento personal cantado por los peregrinos en la ruta a Jerusalén. Además, es uno de los siete salmos de arrepentimiento (6, 32, 38, 51, 102, 130 y 143), todos los cuales son lamentos personales con la sola excepción del Salmo 32 que es un salmo de acción de gracias.

El peregrino ruega humildemente a Dios: «Señor, oye mi voz; / estén atentos tus oídos / a la voz de mi súplica» (2). A continuación los versículos 3-4 plantean una verdad ineludible: si tuviéramos que dar cuenta exacta de nuestros pecados a Dios, nadie podría escapar de la condena merecida. Todos somos pecadores y sólo por la gracia de Dios podemos ser salvos porque «en ti hay perdón, / para que seas reverenciado». Respecto a «Jah», véase el Salmo 122 (2/3).

En 130:6 tenemos uno de esos paralelismos sinónimos que son parte de la poesía hebrea (véase la «Introducción»). Nótese además que en los versículos 5 al 6 el verbo «esperar» ocurre cuatro veces, pero esto no es esperar con desesperación, sino esperar con esperanza. El salmista, basado en su experiencia, invita al pueblo a esperar también en la misericordia de Jehová anunciando que «Él redimirá a Israel / de todos sus pecados» (8).

PARA MEDITAR Y HACER: ¿Han hecho surcos en sus espaldas? ¿Se ha librado de la opresión por el poder de Dios? ¿Ha visto oprimidos que se vuelven opresores? ¿Cómo puede evitar usted tal cosa? ¿Por qué todos somos pecadores? ¿Cómo *espero* la voluntad divina? ¿con desesperación o con esperanza?

PARA ESTUDIAR: El Salmo 131 es el más breve de todos estos cánticos graduales o de ascenso. De hecho el último versículo posiblemente fue añadido para el uso de este salmo en el Templo de Jerusalén. Su mensaje es el mismo que proclama el salmo anterior cuando dice: «Espera, Israel, en Jehová, / desde ahora y para siempre» (131:3).

Son los dos primeros versículos, entonces, los que originalmente formaban parte del salmo. En ellos se afirma la humildad y la fe en Dios al presentarse el salmista como si fuera un niño pequeño, «como un niño destetado de su madre» (2). Recuerde que en hebreo el «alma» no está en contraste con el «cuerpo», como en el pensamiento griego, sino que significa la totalidad de la vida humana (3/1). Así clama el salmista: «¡Como un niño destetado está mi alma!»; es decir, que toda mi vida depende absolutamente de mi Dios».

El Salmo 132 lo estudiamos como uno de los salmos reales, aunque es también uno de los Salmos de ascenso.

Veamos, por tanto, el Salmo 133. Éste es un brevísimo salmo didáctico o sapiencial que afirma la bienaventuranza del amor fraterno. Éste era uno de los cánticos favoritos de los peregrinos que venían a las grandes fiestas anuales (3/1), puesto que en esos eventos se estrechaban los lazos fraternales de los judíos que andaban diseminados por todo el mundo conocido.

La referencia al «buen óleo sobre la cabeza . . . sobre la barba de Aarón» se refería al óleo aromático utilizado para consagrar al sumo sacerdote en el Templo de Jerusalén (133:2).

En el versículo 3 se refiere al monte Hermón, de unos 3,000 metros (9100 pies) de altura, la montaña más alta de toda esta región, totalmente cubierta de nieve todo el año. La idea de que el rocío de Hermón llega a Sión tiene que ser en un sentido figurado pues Jerusalén está a 200 kilómetros (120 millas de Hermón), pero da la percepción adecuada de que en verdad «allí envía Jehová bendición / y vida eterna».

PARA MEDITAR Y HACER: ¿Por qué a veces nos creemos que somos soberanos de nuestras vidas? ¿Cómo se contrasta esto con el sentir que somos «niños destetados» que dependemos de Dios? ¿Qué significa el amor fraternal de nuestra iglesia? ¿con otros de nuestra denominación? ¿con otros cristianos? ¿Cómo podemos aumentar nuestra unidad con toda la iglesia universal?

Séptimo día *Lea* Salmo 134

PARA ESTUDIAR: Llegamos hoy al último de los salmos de ascenso o cánticos graduales. Los peregrinos están en el Templo y entonan una liturgia a la caída de la noche. El pueblo se dirige a los sacerdotes como «los siervos de Jehová», los que pasan la noche en el Templo, y les piden que bendigan a Jehová a lo largo de toda la noche (1). Les dicen: «Alzad vuestras manos al santuario / y bendecid a Jehová» (2). Esto responde a la práctica de los israelitas quienes siempre oraban alzando sus manos hacia el santuario y dirigiendo su mirada hacia el Lugar Santísimo del Templo de Jerusalén, tanto si estaban dentro del Templo, o en los atrios del santuario, o dondequiera que estuviesen sin importarles la distancia, aun cuando estuviesen en los países más lejanos de la diáspora.

Los sacerdotes responden al pueblo:

«¡Desde Sión te bendiga Jehová,
el cual ha hecho los cielos y la tierra!» (3).

Fíjese aquí en la doble implicación del verbo «bendecir». El pueblo llama a los sacerdotes a que bendigan a Dios, reconociendo su poder, gloria y grandeza. Los sacerdotes, por su parte, imploran que el Dios que ha hecho los cielos y la tierra, que lo ha creado todo, bendiga al pueblo de Israel. Son dos significados muy diferentes, uno de alabanza, el otro de protección, que establecen la relación íntima entre Dios y los seres humanos.

PARA MEDITAR Y HACER: ¿Qué significa para usted bendecir a Dios? ¿Qué significa para usted el que Dios le bendiga? ¿De qué maneras Dios le ha bendecido? ¿De qué manera desea que Dios le bendiga? En cuanto a los estudios de esta semana: ¿Por qué era tan importante el peregrinaje a Jerusalén? ¿Cómo se imagina que iban los judíos cantando estos salmos? ¿De qué manera le inspiraron estos salmos en su relación con Dios? ¿con su prójimo?

SESIÓN PARA EL GRUPO DE ESTUDIO: Señale al grupo de estudio que es sumamente importante hacer el estudio diario y contestar las preguntas. Pídales que lean el «Preámbulo» para orientarse en cómo hacerlo. El fundamento del estudio en el grupo depende del estudio personal y de las respuestas en la libreta.

En cuanto a la sesión, siga el formato de la primera reunión. Tenga una oración para que Dios ayude al grupo a aprender y a compartir las experiencias. El instructor debe dar la oportunidad para que cada participante brinde al resto de la clase su entendimiento, sus notas y sus preguntas derivadas del estudio semanal. Permita que cada uno que desee compartir lo que ha aprendido lo comparta con los demás.

En cuanto a este tercer estudio, pida a cada miembro de la clase que:

● escriba en su libreta «Estos son tres 'dioses' que me distraen y me impiden acercarme a Dios»:

    a)
    b)
    c)

● oren silencio por alguien que le ha causado algún daño a usted.

● ore en silencio por alguien a quien usted le ha causado algún daño.

Si los israelitas cantaban los salmos de ascenso en su peregrinaje para acercarse a Dios, ¿cómo podemos nosotros acercarnos a Dios? Escriba su respuesta en su libreta.

Seleccione un miembro de su congregación local con quien no tiene buenas relaciones fraternales. Planee hacer algo durante esta semana para acercarse a esa persona y escríbalo en su libreta.

Al terminar, cada persona que así lo desee, lea lo que escribió y participe en una discusión.

Termine la sesión con una oración.

---

[1]El Talmud es un cuerpo de interpretación bíblica que es la base del judaísmo.

Cuarta Semana
Salmos acrósticos e históricos

Primer día   *Lea* Salmo 119

PARA ESTUDIAR: Durante esta semana estudiaremos dos tipos distintos de salmos. En los primeros cuatro días analizaremos los llamados salmos acrósticos. Según el *Diccionario de la Lengua Española* [1], la palabra «acróstico» significa una «composición poética en que las letras iniciales, medias o finales de los versos forman un vocablo o una frase». Esto no es lo que significa el salmo acróstico. En este caso lo que ocurre es que cada hemistiquio, cada versículo o cada estrofa comienza todas sus líneas con una letra sucesiva del alfabeto hebreo.

El Salmo 119 es el más largo de todos los salmos de la Biblia. Es un salmo didáctico o sapiencial, los cuales estudiaremos en la última semana, pero al mismo tiempo es el más perfecto de todos los salmos acrósticos. Por eso, lo analizamos en este el primer día del estudio de estos salmos. Este salmo tiene veintidós estrofas porque ése es el número de las letras del alfabeto hebreo. Cada una de las estrofas tiene ocho versículos y cada uno de ellos comienza con la letra que corresponde a esa estrofa.

Imagínese que esto se hiciese en español, no habría problema con la letra A, con la M o con la T. Pero construir toda una estrofa de ocho líneas, cada una de ellas comenzando con la letra K, ¡eso sí que sería problema! Pues lo mismo ocurre con el hebreo; algunas estrofas funcionan de lo más bien, pero otras. . .

Este salmo es una celebración de la ley de Dios que se define con distintas palabras. Cuando lea el salmo, note que en cada versículo se usan palabras como *caminos, estatutos, juicios, mandamientos, palabras* y *testimonios* como substitutos de la palabra «ley» para darle variedad al texto.

Muchas Biblias tienen como título de cada estrofa la letra del alfabeto hebreo según ésta se pronuncia en español. Veamos los tópicos de cada estrofa con el nombre de la letra del alfabeto:

Alef (1-8) y *Bet* (9-16): Plegaria por ayuda en observar la «ley». La palabra «ley» en hebreo es *Torah*, y quiere decir mucho más que ley en nuestro sentido estricto, pues significa además «enseñanza». Eventualmente la ley pasó a ser una estructura legalista, restrictiva y absoluta, pero al principio era una norma que enseñaba lo que era la voluntad divina.

Guimel (17-24): Plegaria por liberación de la deshonra y prueba de su lealtad a Dios.

Dálet (25-32): Declaración de su lealtad a la ley.

He (33-40): Plegaria por abundar en la ley y no en la avaricia. «Corazón» (34) en hebreo no significaba la emoción o el sentimiento, sino la razón y voluntad.

Vau (41-48): Promesa de guardar la ley de Dios para siempre.

Zain (49-56): Manifestación de confianza en Dios en medio del horror de los inicuos que se olvidan de la ley.

Chet (57-64): Afirmación de la devoción a Dios.

Tet (65-72): Reconocimiento de la virtud de la ley.

Yod (73-80): Reconocimiento de la justicia divina.

Caf (81-88): Plegaria por la liberación de los enemigos.

Lámed (89-96): Fe en la palabra divina.

Mem (97-104): El amor a la ley.

Nun (105-112): Plegaria por el auxilio divino.

Sámec (113-120): Manifestación de confianza en Dios.

Ayin (121-128): Declaración de inocencia y de lealtad a la ley.

Pe (129-136): Alabanza de la ley.

Tsade (137-144): Reconocimiento de la justicia divina.

Cof (145-152): Clamor por salvación de la persecución.

Resh (153-160): Plegaria por la vida del salmista.

Sin (161-168): La piedad del salmista y la injusticia de otros.

Tau (169-176): De ser librado el salmista alabará la ley de Dios.

PARA MEDITAR Y HACER: ¿De qué manera la ley en el antiguo sentido hebreo nos ayuda a acercarnos a Dios? ¿Qué versículos de este salmo le llamaron más la atención? ¿Por qué?

Segundo día *Lea* Salmos 9-10 y 25

PARA ESTUDIAR: Los Salmos 9 y 10 son en realidad un solo salmo (véase la sección «La numeración de los Salmos» en la «Introducción»). El caso es claro porque éste es un salmo acróstico y el alfabeto hebreo se extiende por ambos salmos; el Salmo 9 va de *Alef* a *Caf*, y el 10 de *Lámed* a *Tau* (véase el salmo que estudiamos ayer para ver el alfabeto hebreo). La versión griega (LXX) y la versión latina (Vulgata) cuentan los dos salmos como uno solo y varias versiones castellanas siguen esta numeración, especialmente muchas de las versiones católicorromanas. En el título hebreo el Salmo 9 dice *Sobre Mut-labén.* No se sabe qué es lo que esto quiere decir, pero muchos eruditos piensan que significa «con instrumentos musicales».

Como muchos de los salmos acrósticos, éste tiene una estructura sumamente compleja con diversos géneros literarios. El Salmo 9:1-6 es un cántico de acción de gracias. En el versículo 2 se le llama a Dios «Altísimo», en hebreo *Elyon.* Este nombre proviene de la religión cananea y fue dado al Dios de Israel para expresar su autoridad y dominio universal. Puede que esto nos sorprenda, que los israelitas tomaran un nombre de un dios cananeo para usarlo en referencia a su propio Dios, pero ya vimos que la arquitectura del Templo de Jerusalén era cananea y que muchas ideas cananeas, como los querubines, pasaron a ser parte de la fe de Israel (1/5).

Los versículos 7 al 12 son un cántico de alabanza. En el versículo 12 la expresión «el que demanda la sangre» es una referencia a Dios quien juzgará a los que obran malevolamente.

El versículo 13 y el 14 describen las condiciones del salmista. Del 15 al 18 expresan la confianza puesta en Dios. El «hoyo» y la «red» se usan en los salmos para describir las acciones de los enemigos. Al final del versículo 16 aparece la palabra *Higaión*, frecuentemente traducida como «bajada del tono vocal» e inmediatamente viene *Selah*, «intermedio musical». La misma palabra aparece al final del Salmo 9 y, como que no puede haber un intermedio cuando a continuación no viene nada, esto señala que el Salmo 10 es parte del Salmo 9. De otra manera no habría *Selah*. En el versículo 17 se menciona el seol, la morada de los muertos (véase 1/5).

Del 9:19 al 10:15 tenemos una plegaria para que Dios intervenga en contra de los malvados, y del 10:16 al 18 es una expresión final de confianza de que Dios «hace justicia al huérfano y al oprimido».

El Salmo 25, como que es también un salmo acróstico, tiene diversas ideas que se intercalan libremente para poder seguir el alfabeto. Básicamente es un lamento personal como los que estudiaremos en la Sexta, Séptima y Octava Semanas, pero en medio de él aparecen reflexiones sapienciales o didácticas, como las que veremos en la última semana. A pesar de su organización acróstica, este lamento incluye los elementos que son esenciales a este género: clamor de ayuda (1-3) con las angustias del salmista (4-7); afirmación de la confianza en Dios (8-14) y plegaria por la vindicación (15-21). Aquí tenemos una súplica por la protección divina, por el perdón de los pecados y por un encuentro con la verdad.

En el versículo 10 las palabras «misericordia» y «verdad» son en hebreo *hésed* (pronunciada «jésed») y *emet*. Estos vocablos significan mucho más que su traducción al castellano. La primera puede traducirse también como amor, lealtad o compasión, y la segunda como fidelidad y consistencia. Estas palabras representan la esencia misma de la acción de Dios por el bienestar de la humanidad.

El versículo 22 es, con toda probabilidad, una adición litúrgica para convertir un lamento personal a una forma que refleje el sentir de toda la comunidad de Israel.

PARA MEDITAR Y HACER: ¿Qué importancia tiene el saber que Dios «hace justicia al huérfano y al oprimido», si uno no es ni huérfano ni oprimido? ¿Cómo podemos buscar justicia para los pobres? ¿Qué nos beneficia el entender la amplitud del significado de las palabras hebreas? ¿Nos ayuda eso a entender la Palabra de Dios? ¿N os confunde?

Tercer día   *Lea* Salmos 34 y 37

PARA ESTUDIAR: Hoy tenemos otros dos Salmos acrósticos. El Salmo 34 tiene uno de esos títulos hebreos que encontramos en varios salmos en los que se trata de relacionar la composición con algún incidente en la vida de David (véase la sección «Títulos de los salmos» en la «Introducción»). Ciertamente David compuso muchos salmos. Amós, quien profetizó más de tres siglos antes de que se redactase el salterio, dice: «inventan instrumentos musicales, como David» (Amós 6:5). Una traducción más adecuada del hebreo sería «improvisan con instrumentos musicales» pues la referencia no es a los instrumentos mismos, sino a las composiciones. Para los israelitas David era el cantor y compositor por excelencia, pero no sabemos qué salmos compuso de los que tenemos hoy en nuestra Biblia. En el caso de este título la referencia es a 1 Samuel 21:10-15, pero en ese pasaje no se trata de Abimelec, sino de Aquis, rey de Gat, una de las cinco ciudades de los filisteos. Así que, en realidad el título hebreo no tiene nada que ver con el salmo. Este salmo, con la complejidad que ya hemos visto en las composiciones acrósticas, consiste de dos partes. La primera (1-10) es un salmo de acción de gracias como los que veremos en la Décima Semana, e incluye un breve himno de alabanza (1-3); del 4 al 6 la experiencia del salmista; y del 7 al 10 un llamado a la comunidad a alabar a Dios. La segunda (11-22) es un salmo didáctico o sapiencial del tipo que estudiaremos en la última semana.

En el versículo 7 leemos «El ángel de Jehová acampa alrededor de los que lo temen / y los defiende». Según este texto el ángel de Jehová viene al frente de un ejército para socorrer a los que buscan el amparo de Dios. La palabra «ángel» significa «mensajero», y en los textos más antiguos (véase Génesis 16:7-14) el ángel no se diferencia de Dios, sino que es el mismo Señor quien hace sentir su presencia. Pero en textos tardíos, como éste, el ángel es un miembro de los «ejércitos celestiales», a quien Dios ha enviado para proteger a sus fieles y ejecutar sus órdenes.

En Génesis 18 es evidente que según la concepción de los hebreos, los «tres varones» que visitan a Abraham no tenían alas, ni tampoco los ángeles que subían y bajaban por la escalera en el sueño de Jacob. Las primeras representaciones de ángeles, hechas por judíos, eran estrellas. Más tarde, en el siglo IV d.C., se representaron como seres humanos, y se le añadieron alas en el siglo V según se ve en la sinagoga de Dura Europos, en Siria. Como ocurrió con los querubines (véase 1/5), al principio del Renacimiento el concepto de los ángeles fue influenciado por el arte de Grecia, especialmente por la maravillosa estatua alada de *Nike*, la diosa de la Victoria, que se conserva hoy en el Museo del Louvre, en Francia.

En los versículos 7 y 9 se habla del temor de Dios. El temer a Dios no es tenerle miedo, sino todo lo contrario. Es tener reverencia, respeto y amor hacia Dios. Los «santos» son los consagrados y dedicados a Dios, los que temen a Dios. En el versículo 10 dice «los leoncillos necesitan, y tienen hambre; / pero los que buscan a Jehová no tendrán falta de ningún bien». En lugar de «los leoncillos», la versión griega (LXX) dice «los ricos».

El versículo 22, «Jehová redime el alma de sus siervos. / ¡No serán condenados cuantos en él confían!» parece haber sido añadido para que el salmo no terminase en un sentido negativo pues el versículo anterior comienza con la última letra del alfabeto y este versículo no es parte del acróstico.

El Salmo 37 es un acróstico con dos versículos por letra del alfabeto, de tipo didáctico o sapiencial. Su tema es una de las más profundas realidades de las que trata la Biblia, tanto en el libro de Job como en los Salmos 49 y 73. Todas estas obras tratan del problema que ocurre cuando la gente buena sufre desgracias mientras que los malos prosperan y viven felices.

Este dilema perenne fue tratado por el poeta español, Bartolomé Leonardo de Argensola (1562–1631) cuando dijo en su soneto:

«Dime, Padre común, pues eres justo,
¿por qué ha de permitir tu providencia
que, arrastrando prisiones la inocencia,
suba la fraude a tribunal augusto?

«¿Quién da fuerzas al brazo que robusto
hace a tus leyes firme resistencia,
y que el celo, que más la reverencia,
gima a los pies del vencedor injusto?

«Vemos que vibran victoriosas palmas
manos inicuas, la virtud gimiendo
del triunfo en el injusto regocijo.»

Esto decía yo, cuando riendo
celestial ninfa apareció, y me dijo:
«¡Ciego!, ¿es la tierra el centro de las almas?»

La solución para Argensola era el hecho de que la tierra no es el centro de las almas y los castigos y recompensas serán otorgados después de la muerte. Pero recuérdese que en el pensamiento hebreo no había ni castigos ni bendiciones una vez que uno moría. Para ellos la morada de los difuntos era el *Seol* (1/5), lugar compartido por todos los difuntos, buenos y malos, sin recompensa ni castigo. Toda justicia divina tenía que imponerse en esta vida. Por tal cosa, al ver a los impíos prosperar, los justos caen en la desconfianza de la divina providencia. El salmista reafirma la posición tradicional al decir:

«Deja la ira y desecha el enojo; / no te excites en manera alguna a hacer lo malo, / porque los malignos serán destruidos, / pero los que esperan en Jehová heredarán la tierra» (8 y 9). En este salmo «la tierra» (3) se refiere a la Palestina. Cuatro veces se anuncia: «los que esperan en Jehová / heredarán la tierra» (9); «los mansos heredarán la tierra» (11); «los benditos de él heredarán la tierra» (22); «los justos heredarán la tierra» (29). La idea de heredar la tierra es un concepto de la Teología Deuteronómica que surgió durante tiempos del rey Josías, en el año 621 a.c. En este pensamiento el habitar en la Palestina, el heredar la tierra, conlleva todo el conjunto de promesas que Dios le dio a Israel. En otras palabras, el salmista trata este oneroso asunto, pero reafirma la posición tradicional. Siglos más tarde, en época de Jesucristo, el pensamiento judío había evolucionado y sólo los saduceos, uno de los grupos político/religiosos de aquél tiempo, seguía aferrándose a la posición de que toda retribución y castigo divino tiene que ser dado en esta vida.

PARA MEDITAR Y HACER: ¿Por qué el «temor de Dios» no significa miedo o pánico? ¿Qué significa entonces? ¿Por qué, pensaban los judíos, era tan importante «habitar en la tierra (Palestina)»? Si los ángeles son mensajeros de Dios, ¿es nuestro predicador un ángel?

Cuarto día   *Lea* Salmos 111, 112 y 145

PARA ESTUDIAR: Hoy nos toca estudiar los tres últimos Salmos acrósticos. Como todos los anteriores, éstos también se ven forzados a seguir con su secuencia del alfabeto y por lo tanto carecen en buena medida de una organización topical. A pesar de ello, pueden clasificarse según su género literario por su tema principal. El primero de ellos, el Salmo 111, es un himno acróstico. Los himnos los estudiaremos la semana próxima, pero digamos por ahora que un himno es un acto de alabanza a Dios.

Este salmo tiene el título hebreo de «¡Aleluya!» Como ya dijimos en la «Introducción», la palabra hebrea *halel* (pronunciada *jalel*) significa «alabar». A esto se le añade en hebreo el imperativo plural *u* y la abreviatura del nombre de Dios, *yah* y resulta la palabra hebrea *Haleluyah* que significa «¡Alabad a Jehová!» La palabra pasó del hebreo al griego, de ahí al latín y por fin llegó al castellano: «¡Aleluya!»

El título hebreo denota claramente que éste es un salmo de alabanza a Jehová, un himno.

En el versículo 1 dice: «Alabaré a Jehová con todo el corazón». Ya vimos como el concepto de «alma» en el Antiguo Testamento es muy distinto al pensamiento moderno (3/1). Lo mismo ocurre con «corazón». Para nosotros el corazón simboliza las emociones, la pasión. En el Antiguo Testamento estas cosas se identificaban con los riñones, no con el corazón, posiblemente porque en momentos de gran emoción uno percibe la actividad de las glándulas suprarrenales produciendo adrenalina. En contraste, el corazón simbolizaba la mente, el pensamiento, la inteligencia, el entendimiento, la meditación. Algo por el estilo de lo que hoy decimos «el cerebro».

Cuando el salmo dice «Ha hecho memorables sus maravillas» (4), lo que significa es que Dios quiere que lo que hizo por el bienestar de Israel sea recordado en las celebraciones cúlticas anuales, como por ejemplo, el maná y las codornices que alimentaron a los israelitas cuando andaban por el desierto (5).

En el versículo 7 se refiere a «las obras de sus manos» y a «sus mandamientos». El salmista trata aquí de dos cosas: Primeramente de lo que Dios es, verdad y juicio, especialmente con respecto a su lealtad al pacto con Israel. En segundo lugar, lo que Dios exige, o sea, la lealtad a sus principios.

El Salmo 112 es sumamente similar al 111, con la salvedad de que en lugar de ser un himno acróstico es un salmo didáctico o sapiencial acróstico. En este caso cada hemistiquio, es decir, cada una de las líneas de cada versículo, tiene una de las letras sucesivas del alfabeto, y su título hebreo es «¡Aleluya!», como el del salmo anterior.

El versículo 1 comienza con «Bienaventurado», una exclamación de gozo que es característica de los escritos sapienciales o de sabiduría. La enseñanza que este salmo nos da es de las bendiciones que recibe quien teme a Jehová y se deleita en obedecer sus mandamientos. El resto del salmo enuncia las virtudes de quien es justo, pero note el versículo 7: «No tendrá temor de malas noticias». Esto puede significar una de dos cosas: 1) no tiene temor de malas noticias porque sabe que nada malo le ocurrirá; o 2) aun cuando le ocurriese algo malo, sabe que su destino está en manos de Dios y que Dios le guardará con su poder. La primera idea es la característica del Antiguo Testamento y seguramente a la que se refiere este salmo. La segunda es lo que nuestra fe en Jesucristo nos lleva a discernir, pues Cristo mismo sufrió la muerte, pero obtuvo la resurrección. Por último, observe que este justo que se describe en el Salmo 112: «Reparte, da a los pobres» (9). En su mente está la preocupación por los necesitados.

El último salmo acróstico, el 145, es un himno de alabanza al Dios universal. Como todos los acrósticos, este salmo tiene una sucesión de temas, pero sin relación estrecha. En este salmo falta la letra *nun* (N en español) en el texto hebreo, pero aparece en la LXX, en la siríaca (Peshitta), y en uno de los manuscritos hebreos encontrados en la Cuevas de Qumram, entre los Rollos del Mar Muerto. Este texto se le añade al versículo 13 y dice así: «Fiel es el Señor en todas sus promesas y leal en todo lo que hace».

El texto pudiera esquematizarse así: 1-3, expresión personal de alabanza; 4-7, las maravillosas obras de Dios; 8-9, el amor divino; 10-13a, el reino divino; 13b-20, la providencia de Dios derramada a sus criaturas; 21, otra alabanza personal como la vimos del 1 al 3.

PARA MEDITAR Y HACER: ¿Por qué en estos salmos hay tan intenso deseo de alabar a Dios? ¿Siente usted ese mismo deseo? ¿Qué es lo que Dios le ha dado, le ha hecho o le ha llevado? ¿Qué importancia tiene entender lo que «el corazón» significa en la Biblia? ¿Por qué soy bienaventurado? ¿Cómo nos ayudan las versiones antiguas a comprender el texto hebreo? ¿Cómo nos ayudan las versiones modernas a entender nuestra Biblia?

Quinto día   *Lea* Salmos 78 y 105

PARA ESTUDIAR: El Salmo 78 es el primer salmo de tradición histórica que fue preparado para ser utilizado en los grandes festivales anuales, y consiste en una narración que cuenta la historia de Israel desde el éxodo de Egipto hasta que David ascendió al trono. A lo largo del salmo se hace el contraste entre el amor y la fidelidad de Dios y la rebeldía e infidelidad de Israel.

Del versículo 1 al 4 este salmo tiene el formato básico de los escritos sapienciales. Por ejemplo, en el versículo 1 se habla de la ley, pero esto no es lo mismo que las leyes de hoy. La palabra hebrea es *Torah*, y además de «ley», esto significa «enseñanza», «dirección». También un «proverbio» (2) es un refrán didáctico de sabiduría popular. Y cuando dice, «las que nuestros padres nos contaron» (3), se refiere a la tradición judía de pasar de padres a hijos las maravillas de lo que Dios ha hecho en la historia de Israel.

Los versículos 5 al 8 celebran la ley e instan a pasar su conocimiento de generación en generación. En el versículo 8 se condena a los antepasados llamándoles «generación terca y rebelde; / generación que no dispuso su corazón, / ni cuyo espíritu fue fiel para con Dios». El mismo tema se continúa en los versículos 17 al 22, 32 al 41 y 56 al 64. Veremos que en el Salmo 106 se sigue esta misma idea, hablando de la bondad de Dios y de la rebeldía de Israel. Sin embargo, en el otro salmo que veremos hoy se enfatizan sólo las maravillas y los portentos de Dios.

La siguiente sección (9-11) narra la rebelión de las tribus del Norte contra la dinastía de David, pero Dios prefiere a Judá y no a quienes se rebelaron. El nombre de Efraín no se limita a la tribu de ese nombre, sino que, por ser la tribu principal, define a todas las tribus que se rebelaron contra Judá.

La sección que va del versículo 12 al 53 cuenta la historia que se narra desde el libro del Éxodo hasta el de Números. El versículo 12 habla de las maravillas que Dios hizo en Egipto, tales como las plagas, que dieron la libertad a los cautivos. La ciudad de Zoán se conoce por otros dos nombres: Tanis y Ramsés (Éxodo 1:11). Estaba en el Delta oriental del río Nilo, junto a la llanura de Gosén, de donde partieron los israelitas en su éxodo.

En el versículo 13 se hace referencia al cruce del mar. Los israelitas escaparon desde Ramsés hasta *Yam Suf*, que significa «Lago de los Juncos». En hebreo la palabra *Yam* se usa tanto para un lago como para un mar (como el Mar Muerto y el Mar de Galilea que son ambos lagos bien pequeños). En la LXX, hecha por los judíos de Alejandría en el siglo II a.C., se identifica Yam Suf con «Erithrea Thalassa» (=«Mar Rojo») y lo mismo se hizo en la versión de Jerónimo, la Vulgata donde se le llama «Mare Rúbrum». Es de ahí, y no del texto hebreo, de donde viene la referencia al Mar Rojo en muchas de nuestras Biblias. El problema es que el Mar Rojo queda a más de 440 kilómetros de donde partieron los israelitas y tal viaje no se podría haber hecho antes de que el faraón enviase sus carrozas a perseguir a los israelitas. Ni siquiera es posible considerar el Golfo de Suez que está a más de 120 kilómetros. Yam Suf tiene que haber sido uno de los lagos que hoy forman parte del Canal de Suez, posiblemente el Lago Timsah. Allí, en Yam Suf, quedaron destruidas las carrozas egipcias que les perseguían, y es esto lo que se celebra en el salmo.

En el resto de esta sección se detalla la migración por el desierto.

En el versículo 25 se hace referencia al maná llamándole «pan de nobles». En el texto hebreo se le llama «pan de los fuertes», que significa los que están al servicio de Dios en el cielo. Por ello es que la LXX le llama «pan de ángeles». En los versículos 42 al 51 se enumeran las plagas en la tierra de Cam, que es Egipto.

Los versículos 52 al 55 describen la salida, el peregrinaje por el desierto y la conquista de Canaán bajo el cuidado y amparo de Dios, pero del 56 al 64 se describe la actitud de Israel. Esta nueva generación «tentaron y enojaron al Dios altísimo» (56), «le dieron la espalda, / rebelándose como sus padres» (57), «lo provocaron a celo con sus imágenes de talla» (58).

En consecuencia Dios los castigó, destruyendo «el tabernáculo de Silo» (60), donde estaba el Arca de Dios y donde Elí fungía de sacerdote. Por lo tanto, Dios «entregó a cautiverio su poderío; / su gloria [el Arca de Dios], en manos del enemigo» (61). «Sus sacerdotes [los hijos de Elí] cayeron a espada» (64) bajo el ataque de los filisteos. Toda esta tragedia se cuenta en 1 Samuel 4:4-22.

Por fin en los versículos 65 y 66 viene la victoria. Dios reacciona ante el dolor de su pueblo «como un valiente que grita, excitado por el vino» (65), y castigó a los filisteos (66). El resto del salmo celebra cómo Dios desechó a las tribus norteñas y escogió a David para que fuese rey en Sión. De manera que los tres temas centrales de este salmo son el reino de Judá, el Templo de Sión, y la dinastía de David.

El Salmo 105 es otra tradición histórica, pero muy diferente a la del salmo anterior y a la del 106, que estudiaremos mañana, puesto que aquí no hay ninguna alusión a las infidelidades de Israel. Sus primeros quince versículos aparecen, con muy pequeñas variaciones, en 1 Crónicas 16:8-22, pero no se sabe con exactitud cuál texto fue tomado del otro. La manera en la que vemos que el salmo está organizado es: (1-6), llamado a la alabanza; (7-11), lealtad de Dios; (12-41), la narración.

En el versículo 1 se llama a Israel a alabar a Jehová y a dar «a conocer sus obras entre los pueblos». Ésta es una proclamación a todas las naciones de la grandeza del Dios de Israel, cosa que se hizo popular después del destierro a Babilonia. La expresión del versículo 4, «buscad siempre su rostro», tiene que ser una alegoría puesto que nadie podía ver el rostro de Dios. Lo que esto representa es la íntima relación con Dios.

Las «maravillas . . . prodigios y los juicios de su boca» (5) son los eventos del éxodo. En el texto del salmo aparece Abraham en el versículo 6, pero en el pasaje correspondiente de 1 Crónicas 16:13 no está Abraham, sino Israel. En los versículos 9 al 15, se describe la promesa hecha a los patriarcas Abraham, Isaac y Jacob, cuando pasaron como inmigrantes por esa tierra, de que a ellos se le daría Canaán. Tomó más de seis siglos, pero por fin la promesa a los patriarcas se cumplió. En el versículo 15 se les llama a los patriarcas «profetas». (Véase en 2/5 la definición de «profeta».)

La sección del versículo 16 al 22 se refiere a José y a su experiencia en Egipto. Lo que se traduce al español «cortó todo sustento de pan» (16), realmente dice en hebreo «quebró la vara del pan». Esto es porque entonces se preparaba el pan en forma de rosca y se colgaba de una vara para guardarlo. Del versículo 23 al 45 se trata de Moisés y del éxodo, hasta que llegan a Canaán y conquistan la tierra. El salmo termina con el «¡Aleluya!». (Para la explicación de «Aleluya», véase en la «Introducción» «Los géneros literarios».)

PARA MEDITAR Y HACER: ¿Ocurre aún hoy la revelación de Dios en la historia? ¿Es la historia el resultado de la acción humana o hay otros factores en ella? Para los israelitas Dios actuaba en la historia. ¿Lo está hoy también? ¿Qué eventos en la tradición hebrea le llaman más la atención? ¿Por qué?

Sexto día   *Lea* Salmos 106:1-47

PARA ESTUDIAR: Como los salmos que vimos ayer, el Salmo 106 también es de contenido histórico y formaba parte de la liturgia del Templo de Jerusalén. Pero en contraste con el Salmo 105, este salmo presenta la historia de Israel con énfasis en el pecado constante del pueblo y de su desobediencia a la voluntad divina. Esto motivó la intensa ira de Jehová, quien los castigó por sus rebeldías, pero a pesar de sus infidelidades Dios siempre terminó compadeciéndose de Israel. Es por ello que este salmo era parte de una ceremonia de penitencia y arrepentimiento que se celebraba en el Templo.

El Salmo 106 se extiende hasta el versículo 47. El versículo 48 no es parte del salmo, sino que es la doxología que termina el «Cuarto libro de salmos« (véase la «Introducción» en la sección «Estructura del libro»). Todas esas doxologías las estudiaremos el último día de la última semana de este estudio.

Los versículos 1 al 5 son una introducción al salmo. Comienza con el «¡Aleluya!», la invitación a alabar a Dios, y define la razón por la cual se debe alabarle (1-2). El versículo 3 afirma la tremenda importancia de obedecer a Dios para todos aquéllos que le adoran y los versículos 4 y 5 son una plegaria del suplicante para que Dios le bendiga cuando restaure la prosperidad a Israel. Es de notarse que en las otras versiones antiguas los sufijos de estos dos versículos están en plural, no en singular de modo que no es una plegaria de un individuo, sino de una comunidad.

En el versículo 6 se plantea el tema que motiva este salmo: la constante desobediencia e infidelidad de Israel. Esto se repite en los versículos 7, 13-14, 19, 21, 24-25, 28-29, 32, 34-39 y 43, pero al propio tiempo se atestigua de que a pesar de la desobediencia de Israel, Dios les ha derramado su misericordia y les ha perdonado sus pecados (véase los versículos 8, 15, 23, 30 y 44-46).

Del versículo 7 al 12 se cuenta la historia del éxodo. En los versículos 7 y 9 se menciona el Mar Rojo, pero como vimos ayer, en el texto hebreo el Mar Rojo no es el mar del éxodo, sino que lo es *Yam Suf* (véase 4/5). Del 13 al 33 se narran los incidentes en el desierto y en el monte Sinaí incluyendo del 13 al 15, el maná y las codornices (Números 11:4-34); del 16 al 18, la rebelión de Datán y Abiram (Números 16:1-35); del 19 al 23, el becerro de oro (Éxodo 32:1-14); y del 24 al 27, el repudio a adentrarse en Canaán (Números 14:1-35). En el versículo 19 el becerro de oro se relaciona con Horeb, pero este nombre y Sinaí se refieren al mismo monte, así como la frontera entre México y los Estados Unidos tiene dos nombres, Río Bravo y Río Grande del Norte.

Del 28 al 31 se cuenta la apostasía a «Baal-peor» (Números 25:1-13); del 32 al 33 se refiere a las aguas de Meriba (Éxodo 17:1-7 y Números 20:2-13); y del 34 al 39 se condenan las apostasías en tiempos de los Jueces, incluyendo los sacrificios humanos prohibidos por la ley de Dios, pero practicados por los israelitas (38). Del 40 al 46 se cuenta la constante infidelidad y tanto el castigo divino como el perdón de Dios. Por fin el versículo 47 es una petición por la salvación divina. Es evidente que este salmo, específicamente por este último versículo, fue compuesto después del destierro puesto que en este momento los israelitas están esparcidos «entre las naciones», con la diáspora o la dispersión del pueblo judío.

El tema principal que caracteriza a este salmo nos viene de la Teología Deuteronómica, expresada tantas veces en la llamada Historia Deuteronómica (Josué, Jueces, Samuel y Reyes) y basada en Deuteronomio. A saber: a) pecado contra Dios; b) juicio divino contra los pecadores; c) arrepentimiento por parte de los pecadores, y d) compasión y perdón por parte de Dios. La Teología Deuteronómica comenzó cuando en tiempos del rey Josías (621 a.C.) se encontró el texto básico de Deuteronomio en el Templo de Jerusalén (2 Reyes 22:3–23:20).

PARA MEDITAR Y HACER: Si el Salmo 116 está basado en la Teología Deuteronómica, ¿cuándo se compuso? ¿Cree usted que todo mal resultado se deriva de alguna desobediencia a Dios? ¿Ha visto a alguna persona buena que ha recibido pruebas y dificultades?

Séptimo día   *Lea* Salmo 135

PARA ESTUDIAR: El último salmo que estudiamos esta semana es el 135. Éste es un himno de alabanza a Dios como los que veremos la semana próxima. En él se alaba a Jehová por haber escogido a Israel entre todas las naciones y por sus hechos portentosos. Porque se refiere al devenir histórico de Israel lo consideramos esta semana en que tratamos los salmos históricos. Los versículos 1 al 4 son un llamado a la adoración. La composición del salmo está basada en otros textos y salmos del Antiguo Testamento. (Por ejemplo, el Salmo 35:1 es idéntico al Salmo 113:1, aunque se invierte el orden de los hemistiquios. Los «siervos de Jehová» que están «en la casa de Jehová» son los sacerdotes y levitas, mientras que los que están «en los atrios de la casa de nuestro Dios» es el pueblo de Israel. En los versículos 3 y 4 aparece el nombre «Jah», la forma abreviada del nombre de Dios, Yavé (véase 2/3).

Los versículos 5 al 7 expresan la acción de Dios en la naturaleza. En el pensamiento hebreo, las nubes en movimiento vienen «de los extremos de la tierra; / [Dios] hace los relámpagos para [crear] la lluvia», y los vientos, la nieve, la escarcha y otras cosas similares están guardados en depósitos que se encuentran bajo el control de Dios.

En los versículos 8 al 12 el salmo cuenta de las acciones de Dios en el éxodo y en la conquista de Canaán; del 13 al 14 es una alabanza a Dios por sus acciones; del 15 al 18 se contrasta el poder de Dios con la impotencia de los dioses paganos; y del 19 al 21 se concluye invitando a adorar al Dios de Israel. La «Casa de Israel» es la nación toda, la «Casa de Aarón» son los sacerdotes del Templo de

Jerusalén, la «Casa de Leví» son los auxiliares de esos sacerdotes, y todos ellos se resumen en los que temen «a Jehová».

PARA MEDITAR Y HACER: ¿Por qué en este salmo se invita a distintos grupos a bendecir a Jehová? ¿Quiénes son los levitas o la «Casa de Leví»? ¿Cómo se relacionan ellos con la familia de Aarón? En cuanto a los estudios de esta semana, ¿qué le parecieron los salmos acrósticos? ¿Qué aprendió de ellos? ¿Qué le parecieron los salmos históricos? ¿Qué aprendió de ellos?

SESIÓN PARA EL GRUPO DE ESTUDIO: Siga el formato de la primera sesión; comience con una oración para que Dios les ayude a aprender y a compartir de sus experiencias. Permita a cada participante tener la oportunidad de dar al grupo su entendimiento, sus notas y sus preguntas derivadas del estudio semanal.

En cuanto a este cuarto estudio, pídale al grupo que cada uno:
- haga un acróstico usando su nombre propio y su primer apellido. Ponga el nombre en el costado izquierdo de la libreta, en una columna vertical, y escriba una frase bien corta que describa quién es usted, de modo que cada frase se inicie con una letra de su nombre;
- escriba un párrafo sobre la diferencia entre la ley del Antiguo Testamento y las leyes de hoy;
- examine cómo su iglesia local busca justicia para los pobres y trata de ayudarlos;
- haga una lista de tres hechos de la tradición hebrea del Antiguo Testamento que son de significado para la iglesia de hoy. Anótelos en un pizarrón y pida al grupo que trate de unificarlos para que no haya más que un número que equivalga a la mitad del grupo.

Por ejemplo, si hay dieciséis personas en el grupo de estudio, y cada uno anota tres hechos de la tradición tendremos 16x3=48, pero la mitad de 16 es 8, así que tendremos que reducir 48 hechos a ocho descripciones que los resuman a todos.
- consideren y discutan entre sí de qué manera estas ideas que hemos sintetizado nos ayudan a entender mejor la enseñanza de estos salmos.

Termine la sesión con una oración.

---

[1] *Real Academia Española, Diccionario de la Lengua Española* (Madrid: Espasa Calpe © 1997), Edición XXI.

Quinta Semana
Himnos

Primer día   *Lea* Salmos 117 y 8

PARA ESTUDIAR: Hoy comenzamos el estudio de los himnos que tenemos en el libro de Salmos. De hecho ya hemos estudiado varios de ellos. En la Segunda Semana estudiamos los himnos 46, 47, 48, 76, 84, 87, 93, 95, 96, 97, 98, 99 y 122; y en la Cuarta Semana estudiamos los himnos 105, 106, 111, 119, 135 y 145. Cuando terminemos todos los himnos de esta semana, nos quedará uno para la Décima Semana, el 92, y dos para la Duodécima Semana, el 113 y el 114.

El Salmo 117 es sumamente breve y es uno de Salmos de Halel que estudiaremos en la Duodécima Semana. Sin embargo, hemos preferido verlo al principio del estudio de los himnos porque ilustra muy bien este género literario y muestra sus aspectos esenciales.

Este salmo tiene apenas dos versículos. El primero llama a adorar a Dios usando la forma del imperativo plural; es decir, no se invita a una persona a alabar a Dios, sino a todas las naciones, a todo el mundo:

> «Alabad a Jehová, naciones todas;
> pueblos todos, alabadlo».

Nótese el paralelismo sinónimo en el que la misma exhortación se repite con distintas palabras. Esta forma del imperativo plural aparece unas doscientas veces a lo largo del salterio, y este tipo de exhortación es lo que constituye la invitación a la alabanza, o lo que se llama la introducción al himno.

La parte central del himno, lo que se llama el *corpus* del salmo, nos declara su motivación, o sea el tema por el que se ha de alabar a Dios, y siempre se introduce usando la palabra «porque». Así dice el versículo 2: «porque ha engrandecido sobre nosotros su misericordia, / y la fidelidad de Jehová es para siempre». En este corpus se resalta la misericordia y fidelidad de Dios, que es lo que motiva el himno de alabanza.

Al final del himno viene la conclusión que en este caso repite el primer imperativo de la introducción, pues como se recordará, «Aleluya» significa «Alabad a Jehová» (véase en la «Introducción» la sección «Los géneros literarios en los Salmos»).

El Salmo 8 es un himno de alabanza que celebra tanto la gloria del Dios Creador como lo que Dios ha hecho por los seres humanos al darles autoridad sobre todas las cosas creadas. En el título hebreo dice «sobre Gitt». No se sabe si esto se refiere a un instrumento musical o a una melodía (véase en la «Introducción» la sección «Títulos hebreos de los salmos»).

Este salmo es un himno de la vigilia del Festival de los Tabernáculos, en ocasión del año nuevo de Israel, cuando se celebra la creación del mundo. Es por ello que se canta: «cuando veo tus cielos . . . la luna y las estrellas que tú formaste» (3). En la vigilia de la noche el coro canta los versículos 1 y 2, y el 9 (primera persona plural), mientras que el solista canta los versículos 3 al 8 (primera persona singular), el mensaje central del himno.

Los versículos 1 al 4 celebran la gloria de Dios según ésta se manifiesta en la naturaleza y hasta en la boca de los niños. En el versículo 1 dice: «¡cuán grande es tu nombre en toda la tierra!». En el pensamiento hebreo el nombre no era simplemente una designación, sino que era la esencia misma de la persona. Es por eso que en la Biblia hay tantos cambios de nombre: Jacob se convierte en Israel (Génesis 35:10), Noemí se torna en Mara (Rut 2:20), y tantos otros. La esencia misma de Dios se expresaba en su nombre, Yavé (en hebreo YAHWeH), que era poderoso en toda la tierra. (Para la designación del Dios de Israel como Jehová, véase 2/3.)

El versículo 4 dice: «el hijo del hombre» (en hebreo *ben adam*), y en el Nuevo Testamento éste es uno de los títulos de Cristo. Pero cuando se compuso este salmo, esa expresión forma parte de un paralelismo sinónimo que dice: «¿Qué es el hombre para que tengas de él memoria, / y el hijo del hombre para que lo visites?», y, por lo tanto, «hombre» e «hijo del hombre» significan lo mismo.

Los versículos 5 al 8 expresan lo que se dice en Génesis 1:26, cuando Dios dijo: «Hagamos al hombre a nuestra imagen, conforme a nuestra semejanza; y tenga potestad sobre los peces del mar, las aves de los cielos y las bestias, sobre toda la tierra y sobre todo animal que se arrastra sobre la tierra».

En el versículo 5 dice: «Lo has hecho poco menor que los ángeles». La palabra «ángeles» viene de la LXX, pero en el texto hebreo dice *elohim* (dios). En realidad esta palabra es el plural de «él» (dios), y significa «dioses», pero en hebreo se usó este plural como si fuera singular porque Dios es tan majestuoso que el singular no es suficiente. Esto es lo que se llama «plural majestuoso», como cuando un soberano dice «es nuestra opinión . . .», a pesar de que sea la opinión de él solamente.

El uso de ángeles es por tanto incorrecto y debiera decir: «Lo has hecho poco menor que Dios». El pasaje no alude a seres inferiores de la corte celestial, sino a Dios mismo, y esto debe entenderse en el contexto de la historia de la Creación en Génesis 1:26. Además aquí no se está hablando de los israelitas, sino de toda la especie humana. Esto le da al salmo una universalidad sumamente importante.

Como ya vimos (1/2 y 2/4), a lo largo de los siglos el concepto del cosmos ha ido evolucionando. En el Antiguo Testamento (véase Génesis 1:1–2:4a) la tierra era plana, rodeada de agua por todas partes, con una bóveda hemisférica y sólida llamada «firmamento» (derivada de «firme»), y en la que estaban el sol, la luna y las estrellas. Por encima de esa bóveda y por debajo de la tierra estaban las aguas del caos, y la tierra había sido afirmada sobre las aguas como quien construye una casa sobre un pantano, poniendo grandes pilotes o columnas dentro de las aguas.

Siglos después Claudio Ptolomeo (100–178 d.C.), un astrónomo griego nacido en Egipto, escribió el *Almagisto* en el cual se describe el universo con la tierra como centro y el sol, la luna, los planetas y las estrellas circulando en torno a la tierra. Esta obra fue muy apreciada e influyente durante la Edad Media hasta que Nicolás Copérnico (1473–1543), un astrónomo polaco, concibió que los planetas, inclusive la tierra, giraban en torno al sol. Hoy el pensamiento de los astrónomos es que en el universo hay millones de galaxias y en nuestra galaxia hay millones de estrellas y que el sol es una pequeña estrella, y que la tierra es un pequeño planeta que gira en torno a ella. ¡Cuánta razón más hay para decir hoy día!:

> «Cuando veo tus cielos, obra de tus dedos,
> la luna y las estrellas que tú formaste,
> digo: '¿Qué es el hombre para que tengas de él memoria,
> y el hijo del hombre para que lo visites?'»

Al final del Salmo 8, en el versículo 9, se repite el primer versículo.

PARA MEDITAR Y HACER: ¿Qué aspectos esenciales al himno nos muestra el Salmo 117? ¿Ha pensado alguna vez que Dios le hizo «poco menor que Dios?» ¿Qué nos dice esto? ¿Por qué Dios nos ha dado la libertad de actuar según nuestra voluntad? Si nuestra idea del universo es muy distinta a la del Antiguo Testamento, ¿cómo piensa usted que el concepto bíblico nos habla hoy, en medio de la ciencia moderna?

Segundo día   *Lea* Salmos 19 y 29

PARA ESTUDIAR: En el Salmo 19 tenemos dos secciones bien diversas: en la primera parte se honra a Dios como Creador, y en la segunda se le venera como Dador de la ley. Los versículos en las dos secciones son muy distintos. En la primera parte tenemos el ritmo regular, de 4·4, mientras que en la segunda parte varía el ritmo y se vuelve un *qinâh*, con el metro de 3·2 (véase en la «Introducción» la sección «La poesía hebrea».)

Los versículos 1 al 6 forman la primera parte. En ellos se expresa la gloria de Dios según ésta se manifiesta en los cielos, y muy especialmente en el sol. Los versículos 1 al 4a presentan a las lumbreras del firmamento y al día y la noche como si fuesen personas de un coro que cantan alabanzas a Dios. En el versículo 3 se anuncia que aun el silencio del universo declara la acción de Dios. Los versículos 4b al 6 describen al sol y su función en la tierra. En el versículo 5 el sol se presenta como un atleta que corre todos los días por la inmensidad del cielo. En contraste con todas las culturas del Antiguo Cercano Oriente, donde el sol es un dios—en Babilonia, *Shamash*—aquí se presenta al sol (en hebreo *shemesh*) como parte de la creación de Dios, no como si el sol mismo fuese un dios.

En la segunda parte, los versículos 7 al 14 celebran la revelación de Dios dada a Israel mediante la ley de Moisés. En los versículos 7 al 9 se usan seis sinónimos para referirse a la ley: *ley, testimonio, mandamientos, precepto, temor* y *juicios* (véase Salmo 119 en 4/1). Para el salmista el observar la ley es un gozo, no una carga (10), y pide ser resguardado de toda violación de los mandamientos, ya sea intencionada o accidental (12 y 13). El versículo 14 es una hermosa plegaria que suplica que el cantar este salmo sea aceptable a Dios.

El Salmo 29 es un himno en el que se celebra la gloria de Dios según ésta se manifiesta en la tormenta. La LXX añade al título «*Para el último día de la fiesta de los Tabernáculos*» porque en ese día se le pedía a Dios que hubiese abundantes lluvias. Los versículos 1 y 2 son el llamado a la adoración.

El versículo 1 dice: «hijos de los poderosos», pero lo que literalmente dice en hebreo es «hijos de Dios». Los versículos 3 al 9 son la manifestación del Señor en medio de la tormenta. Cuando el versículo 3 dice: «Voz de Jehová», se refiere al trueno, y «las aguas» no se refiere al Mar Mediterráneo, como algunos piensan, sino a las aguas que se encuentran sobre la bóveda celeste del firmamento encima de las cuales Dios tiene su trono, y de las cuales descienden las lluvias tormentosas.

En el versículo 6 «Sirión» es el nombre fenicio del monte Hermón. Algunos eruditos piensan que «Cades» (8) no es el famoso oasis del desierto de Sinaí, sino un lugar del Líbano que se menciona en las tablillas de Ugarit. Pero aquí se dice «el desierto de Cades», y lo más seguro es que se refiera a la región del desierto de Sinaí, de modo que la extensión de la tormenta cubría todo el territorio, desde el monte Hermón al norte hasta Cades-Barnea al sur, todo el territorio de la Palestina. ¡En toda la tormenta es Dios quien actúa!

PARA MEDITAR Y HACER: En el idioma acadio de Babilonia, el sol se llamaba *Shamash*, y era un dios. En el idioma hebreo de Israel, el sol se llamaba *shemesh*, y era una creación de Dios. ¿Qué ve usted en la similitud de nombres?

- ¿Qué ve en la diferencia de conceptos?

- ¿Por qué los judíos celebraban a Dios como creador de la tormenta?

- ¿Qué podemos aprender de ellos?

Tercer día   *Lea* Salmo 33

PARA ESTUDIAR: El Salmo 33, que cantaba el coro del Templo de Jerusalén, celebra a Jehová como Creador y Señor de la historia. Es Dios quien gobierna todas las cosas con justicia, amor y sabiduría. El comienzo (1-3) tiene la forma acostumbrada de todo himno con el llamamiento a la adoración. Los instrumentos musicales que se citan en el versículo 2 reproducen, con sus nombres hebreos, sus sonidos respectivos. El «cántico nuevo» (3) significa que este salmo acaba de ser compuesto para la situación presente.

El primer motivo de este salmo aparece en los versículos 4 al 9 y es «la palabra creadora». En el versículo 4 se introduce el tema con la palabra «porque» (véase 5/1), a saber, la naturaleza del Dios de Israel. En los versículos 6 al 9 se describe a Dios como Creador que puede hasta controlar las aguas del caos. El énfasis en los versículos 6 y 9 respecto a la palabra divina refleja la historia de la creación en Génesis 1:3-31. En el versículo 6 se alude a la creación de los cielos y las estrellas, que eran el ejército de Dios.

Del 10 al 19 se afirma que Dios gobierna sobre el destino de todas las naciones. Dios venció el caos y creó el universo con su palabra creadora. De igual manera la providencia divina dirige el curso de la historia y vence la confusión de la gente. Los planes de las naciones no tienen consecuencia porque es Dios quien gobierna todas las cosas (10-11). Por ello el pueblo de Israel, «cuyo Dios es Jehová» (12), recibe bendiciones. «El rey no se salva por la multitud del ejército» (16); es Dios quien todo lo puede.

Por último, se celebra en los versículos 20 al 22 el hecho de que Israel pone su confianza total en Dios:

> «Nuestra alma espera a Jehová;
> nuestra ayuda y nuestro escudo es él.
> Por tanto, en él se alegrará nuestro corazón,
> porque en su santo nombre hemos confiado.»

(Sobre «alma» véase 3/1, y sobre «corazón» 4/4).

PARA MEDITAR Y HACER: ¿Qué significa señor de la creación? ¿Qué significa señor de la historia? ¿Qué relación ve usted entre

Dios, Señor de la creación, y Dios, Señor de la historia? ¿Cómo afectan estas ideas su fe personal? Piense en el período de la historia en que usted ha vivido y pregúntese: ¿Se ha visto a Dios obrando en nuestros tiempos? ¿De qué manera?

Cuarto día   *Lea* Salmo 103

PARA ESTUDIAR: Algunos eruditos consideran el Salmo 103 como una acción de gracias, y otros como un himno que alaba la fidelidad y bondad de Dios que colma de beneficios a sus fieles. Este salmo no era cantado por el coro, sino que lo cantaba un solista. Su mensaje es una de las más profundas experiencias espirituales individuales, y es uno de los salmos que más se acerca al espíritu del Nuevo Testamento.

Los versículos 1 al 5 muestran que este salmo se refiere a un individuo en particular y a una ocasión en especial. Por ejemplo, el llamado a adorar (1-2) no está dirigido a la congregación, sino al alma del salmista. En un tiempo esta persona estuvo enferma, pero ya se ha recuperado de su enfermedad, y por eso le da gracias a Dios por haberle sanado (3-4a). Puesto que toda enfermedad se consideraba un castigo por haber pecado, la sanidad era evidencia de que la transgresión había sido perdonada porque Dios «perdona todas tus maldades» (3).

En el versículo 4, «el hoyo» es sinónimo del *seol* (véase 1/5). En el versículo 5 las palabras «te rejuvenezcas como el águila» tienen que ver con que el águila simboliza la eterna juventud, por su vigor y por la renovación de sus plumas.

En los versículos 6 al 18, se contrasta el Dios de Israel, Jehová, con el ser humano en cuanto a la justicia, misericordia y eternidad. En el versículo 14 dice: «somos polvo», lo que se refiere a Génesis 2:7.

Los versículos 19 al 22 son una conclusión himnódica en la que el salmista invita a todo lo creado, inclusive a los ángeles (20), a alabar a Dios junto a él. En el versículo 21 los ejércitos de Jehová son también una referencia a los ángeles (véase «ángeles» en 4/3).

PARA MEDITAR Y HACER: ¿Ha estado usted alguna vez gravemente enfermo? De no ser así, ¿ha tenido usted algún familiar o un buen amigo que ha estado gravemente enfermo? ¿Qué puede usted recordar de esa experiencia?

Hoy no se piensa que la enfermedad es resultado del pecado; sin embargo, sí sabemos que el pecado es real y maléfico. ¿De qué manera podemos solucionar nuestras enfermedades? ¿De qué manera podemos solucionar nuestros pecados?

Quinto día   *Lea* Salmos 104 y 146

PARA ESTUDIAR: El Salmo 104 es un himno a Dios el Creador. Muchas de sus ideas y conceptos parecen haber sido influenciados por el «Himno a Atón», escrito por el faraón egipcio Amenhotep o Amenofis IV, que más tarde cambió su nombre a Aknaton. Este faraón instituyó una reforma religiosa en Egipto, mucho antes del tiempo de Moisés, en la que se adoraba a un único dios.

El Salmo 104 se inicia dirigido directamente a Dios (1). Los versículos 2 al 4 narran la creación del cielo. En el antiguo pensamiento hebreo, influenciado grandemente por el pensamiento babilónico, se creía que había una sólida bóveda celeste sobre la cual había un inmenso mar (Génesis 1:6-8; 7:11), de donde venían las lluvias y sobre el cual estaba el trono de Dios. Es por ello que el versículo 3 dice: «establece su aposento entre las aguas».

En los versículos 5 al 9 tenemos la creación de la tierra según la concepción hebrea-babilónica. Los versículos 6 al 9 se refieren al caos de las aguas y cómo Dios estableció el orden cósmico. Una mejor versión castellana del texto hebreo diría así:

6b «. . .sobre los montes estaban las aguas.
7   A tu represión huyeron;
      al sonido de tu trueno se apresuraron;
8   *estaban* sobre los montes,
      ahora descendieron a los valles
      al lugar que tú les fijaste.
9   Les pusiste un límite, el cual no traspasarán,
      ni volverán a cubrir la tierra.

En otras palabras, aquí no se describe la formación de las montañas y de los valles, sino el control absoluto por parte de Dios sobre las aguas del caos. En un tiempo esas aguas cubrían los montes, pero ahora, con la actividad creadora de Dios, se les ha demarcado su lugar del cual no saldrán. El caos se ha tornado en orden.

Los versículos 10 al 18 denotan el cuidado divino sobre la tierra y sus habitantes, tanto animales como humanos. El versículo 19 señala la demarcación de los límites de meses y días. El calendario judío se basa en el mes lunar. El versículo 24 es una exclamación de alabanza y admiración. En el versículo 26 aparece el *Leviatán*, que generalmente significa el dragón del caos que habitaba en el mar, pero que aquí es una buena criatura que apoya a Dios. Los versículos 27 al 30 señalan que todas las cosas dependen de Dios en todo momento de su existencia. El versículo 31 es una conclusión de alabanza. En el versículo 35 el salmista ruega por la restauración de la armonía original de la creación. El salmo termina con «¡Aleluya!» (véase en la «Introducción», la sección de «Los géneros literarios: Salmos Halel»).

Veamos ahora el Salmo 146. Todos los Salmos del 146 al 150 tienen, como título hebreo, la exclamación «¡Aleluya!». Este salmo es un himno de alabanza a Dios por su ayuda. En la LXX los Salmos 146 al 148 se les atribuyen a dos profetas de fines del siglo VI a.C.: Hageo y Zacarías.

El salmo 146 comienza con una expresión de alabanza personal (1-2). A continuación viene una reflexión didáctica o sapiencial (3-9) en la que se describe en los versículos 3 y 4, lo inadecuados que son los seres humanos.

En el versículo 3 «hijo de hombre» significa «ser humano», y en el versículo 4 se describe el resultado de la muerte cuando «perecen sus pensamientos».

Del versículo 5 al 9 se contrasta a Dios con el ser humano. Si el pensamiento humano termina con la muerte, Dios «guarda la verdad para siempre» (6). Dios ofrece ayuda a todos los que la necesitan: «a los agraviados», «a los hambrientos», «a los cautivos», «a los ciegos», «a los caídos», «a los justos», «a los extranjeros; al huérfano y a la viuda» (7-9).

Por fin, en el versículo 10 hay una expresión final de alabanza:

«Reinará Jehová para siempre;
tu Dios, Sión, de generación en generación.

¡Aleluya!»

PARA MEDITAR Y HACER: ¿Qué idea tiene usted del universo? ¿Considera usted la tierra plana? ¿La ve usted con una inmensa bóveda que llamamos «cielo»? ¿La ve rodeada de aguas por todas partes, sobre la bóveda, debajo del abismo, rodeando la tierra? Ése era el concepto de los antiguos hebreos, y ellos decían que Dios la creó. Ahora trate de averiguar cómo se concibe hoy el universo. ¿Cuántas galaxias hay en él? ¿Cuántas estrellas hay en cada galaxia? ¿Cuánto mide el universo? Esto no puede haberse hecho «por casualidad». Más que nunca ahora tenemos que decir, ¡Dios lo ha hecho todo!

Sexto día   *Lea* Salmos 147 y 148

PARA ESTUDIAR: El Salmo 147 es un himno de alabanza al Dios de Israel, Jehová, por sus obras en la naturaleza y en la historia del pueblo de Israel. En la LXX este salmo constituye dos salmos: del versículo 1 al 11 es el Salmo 146, y del 12 al 20 es el Salmo 147. De ahí en adelante la numeración coincide con el texto hebreo. (Véase en la «Introducción» la sección «La numeración de los Salmos»).

Los versículos 1 al 6 llaman a la congregación a alabar a Dios. La primera expresión en el versículo 1 es «Alabad a Jah». Esto es idéntico a la expresión «¡Aleluya!» (véase 2/3). El versículo 2 identifica este salmo como escrito durante la reconstrucción del Templo y de la ciudad de Jerusalén, después del regreso del exilio. Contar el número de las estrellas, y conocer a cada una de ellas por su nombre, significa que Dios tiene autoridad y supremacía sobre cada una de ellas. En un mundo en el que muchas civilizaciones creían que los astros eran seres divinos con poder, esta afirmación declara la soberanía del Dios de Israel sobre toda la creación (4).

Los versículos 7 al 11 se inician con un nuevo llamado a adorar y declaran la grandeza, poder y misericordia de Jehová. En el versículo 8 la LXX añade un hemistiquio que completa el versículo cuando dice: «y plantas para el servicio de los hombres». Los versículos 10 y 11 declaran que Dios no apoya a los que confían en sus fuerzas, ya sean los animales, la naturaleza o los seres humanos. Los que complacen a Dios son los que dependen de Él.

Los versículos 12 al 20 se mueven de los aspectos generales de la naturaleza y de los seres humanos a proclamar la palabra de Dios, la ley o tora, que el escriba Esdras trajo a Jerusalén a fines del siglo IV a.C. En el versículo 20 se declara que la relación de Dios con Israel es única y que Dios no ha establecido una relación similar con ninguna otra nación.

El Salmo 148 llama a toda la creación a alabar a Dios. Se invita a las cosas celestiales, tanto ángeles como estrellas (1-6), a los animales, plantas y objetos terrenales (7-10)—todo el mundo es llamado a unirse en el coro para rendirle alabanza a Dios (11-14).

PARA MEDITAR Y HACER: ¿Qué significa un himno en nuestro culto cristiano, según los vemos en nuestros himnarios? ¿Qué significa un himno en la antigua religión de Israel, según lo vemos en los Salmos? O digámoslo de otra manera: ¿Cuántos himnos hay en nuestros himnarios? ¿Cuántos himnos hay en los Salmos? Ahora contraste y analice la diferencia entre nuestros himnos y los de la fe del Antiguo Israel. Defina y diferencie en su libreta estas dos categorías.

Séptimo día   *Lea* Salmo 149

PARA ESTUDIAR: El Salmo 149 es un himno de alabanza que acompaña al festival de la danza guerrera. La comunidad celebra la victoria que Jehová le tiene preparada, y esto incluye el juicio divino contra otras naciones. El «Rey» (2) no es el monarca de Jerusalén, sino Jehová. Al exaltar a Dios «con sus gargantas y con espadas de dos filos» (6), podemos ver que la danza era sumamente belicosa. Israel es llamado a alegrarse con el triunfo de su Dios y a ejecutar la sentencia de Jehová sobre las naciones paganas (7-9). Éste es un sueño del futuro, pero que se celebra en el presente.

PARA MEDITAR Y HACER: ¿Qué esperanzas ha tenido usted de Dios por las que le ha dado gracias antes de que el hecho ocurriera? Cuando el hecho ha acontecido, ¿se ha acordado usted de darle las gracias a Dios? Y si las cosas que usted le ha pedido no ocurren, ¿todavía le da gracias a Dios? ¿O es usted uno de esas personas que amenazan a Dios diciéndole que no lo van a alabar si no le dan lo que usted quiere?

SESIÓN PARA EL GRUPO DE ESTUDIO: Como de costumbre, comience con una oración en la que se invoque la ayuda de Dios para esta sesión. Promueva la lectura y reflexión personal de cada día e invite a cada persona en el grupo a compartir su entendimiento, sus notas y sus preguntas derivadas del estudio semanal.

En cuanto a esta quinta semana, invite a la clase:

- a que cada uno haga una lista de diez cosas por las cuales desean alabar a Dios. Ponga esos términos en papeles grandes en torno a la habitación.

- a que cada uno vaya y marque las cinco cosas que les parezca más importantes de todo lo que está en los papeles.

- El líder del grupo selecciona las tres ideas que son las preferidas de todo el grupo.

- pida a cada uno que escriba un himno de alabanza o una oración sobre esos tres temas,

- y pida a los que deseen hacerlo que lean en voz alta los actos de alabanza que han escrito sobre esos tres tópicos.

Termine la sesión con una oración.

Sexta Semana
Lamentos personales I

Primer día   *Lea* Salmo 6

PARA ESTUDIAR: Hoy comenzamos cuatro semanas de estudio sobre las lamentaciones, el género literario más abundante en todo el libro de Salmos. De hecho ya hemos estudiado varias de estos lamentos: el (9-10) y el 25 en 4/2; el 28 y el 61 en 1/6; el 120 en 3/1; el 123 en 2/2; el 125 y el 126 en 3/3; el 129 en 3/5; y el 144 en 1/7. Los lamentos personales que tratan de enfermedades los estudiaremos esta semana. Los que tienen que ver con enemigos del salmista los estudiaremos en las dos semanas siguientes, y por fin, en la Novena Semana trataremos los lamentos colectivos.

En cuanto a los salmos de esta semana, los de enfermedad, por supuesto que en aquella época no había idea ni de microbios ni de bacterias, no se pensaba en contaminación ni en nada de lo que concierne a la medicina moderna. Para ellos había dos cosas que causaban la enfermedad: el castigo de Dios por haber pecado y la maldición de un enemigo.

El Salmo 6 es uno de los siete salmos de arrepentimiento (6, 32, 38, 51, 102, 130 y 143). En el título hebreo dice: en *Neginot*, «instrumentos de cuerda»; sobre *Seminit*, que es un octacordio o instrumento de ocho cuerdas.

Aquí tenemos un lamento pidiendo a Dios la cura de una severa enfermedad, compuesto por alguien que está gravemente enfermo. En este caso la enfermedad se interpreta como causada por el castigo de Dios por su pecado, pero además el salmista tiene enemigos a quienes llama «hacedores de maldad» (8 y 10), los cuales se deleitaban al ver su castigo por la mano de Dios.

Los versículos 1 al 5 son una petición de ayuda. En los versículos 1 al 3 el salmista pide a Dios que manifieste su piedad y le perdone. Los huesos (2), no significan el esqueleto, sino que representan aquí la totalidad de la persona pues son lo más íntimo del ser humano; éstos «se estremecen» por el temor a Dios. Para «el alma» (3), véase 3/1; «¿hasta cuándo?», la angustiosa desesperación del salmista se hace evidente en esta pregunta.

En los versículos 4 al 5 el enfermo trata de motivar a Dios diciéndole que solamente si vive, le podrá rendir alabanza «porque en la muerte no hay memoria de ti» (5). Para el *seol* (5), véase 1/5.

En los versículos 6 al 7 el salmista describe su angustiosa condición que está a punto de consumirle por el dolor. Pero de pronto hay una transformación total en el salmo entre los versículos anteriores y los que siguen debido a que en el «servicio de arrepentimiento», hecho en el Templo en medio de la congregación, se observaron los ritos de expiación sacerdotales y el profeta cúltico anunció que Dios aceptó su súplica. Esto no se narra ni se describe en el salmo, pero es parte de la adoración celebrada en el Templo de Jerusalén, y en estos versículos finales se celebra la redención del salmista.

En los versículos 8 al 10 hay la afirmación de la confianza en Dios. En el versículo 8, el salmista acusa a sus enemigos de haberle puesto una maldición; en el versículo 9, la seguridad de que su oración ha sido oída; en el versículo 10, Dios castigará a sus enemigos.

PARA MEDITAR Y HACER: ¿Por qué cree usted que las lamentaciones son el género más abundante que tenemos en los Salmos? Estos lamentos personales atribuyen las enfermedades a los pecados. Hoy pensamos en microbios, bacterias, alergias y reacciones.

¿De qué manera estos salmos todavía nos guían en nuestra vida espiritual? ¿En qué momentos de su vida usted se ha preguntado «¿hasta cuándo?»?

Segundo día   *Lea* Salmo 22

PARA ESTUDIAR: El Salmo 22 es una plegaria por la curación de una enfermedad mortal. El título hebreo *Ajelet-sahar* («La gacela de la aurora») es la melodía.

El Salmo 22 consta de dos partes: La primera parte, los versículos 1 al 21, es un lamento que presenta el dolor de sentirse abandonado por Jehová y la súplica del salmista por experimentar su presencia y protección. El salmo se inicia con el clamor del auxilio. El versículo 1 fue citado por Jesucristo, en arameo, cuando estaba en la cruz.

Los versículos 6 al 8 hablan de la burla de los que ven la enfermedad como prueba de que Dios no se complace en este individuo. Pero él recuerda su ayuda en el pasado, y esto inspira al salmista a pedir ayuda en el momento presente (9-11).

Los versículos 12 al 18 contienen la descripción de la condición del salmista con su fiebre y debilidad. El versículo 12 se refiere a «Basán», región al este del Mar de Galilea donde había grandes rebaños.

En el versículo 16 los «perros» son los enemigos, y en el versículo 18 el salmista está tan moribundo que los vecinos y parientes han comenzado a dividir su propiedad.

Por fin, en los versículos 19 al 21 se ofrece una plegaria por la salud y por acabar con la violencia de los calumniadores.

En la segunda parte, en los versículos 22 al 31, el salmista hace un voto de que, al recuperarse de su enfermedad, ofrecerá una acción de gracias en presencia de la congregación en el Templo.

Entre los versículos 21 y 22 tiene que haber habido un momento en el que el profeta cúltico anunció el perdón.

Los versículos 22 al 31 son un salmo de acción de gracias. El versículo 22 es el voto o la promesa, y los versículos 23 al 26 ofrecen un salmo de acción de gracias en anticipación por la victoria sobre la enfermedad. Éste es el himno que será cantado en honor y gloria de Dios. Su liberación, esperada pero todavía no consumada, le llama a invitar a los pueblos lejanos (27), a las naciones paganas (28), aun a los muertos y a los niños sin nacer (29), y a las generaciones venideras (30)—todos ellos «anunciarán que él [Dios] hizo esto» (31).

PARA MEDITAR Y HACER: ¿Por qué piensa usted que la gente se burlaba en aquellos tiempos de los que sufrían enfermedad? Piense si en el mundo de hoy hay gente que se burlen de otras personas porque tienen algún tipo de impedimento físico o alguna otra forma de enfermedad. ¿Por qué hacen tales cosas?

Note el aspecto de la universalidad con la que termina el salmo. ¿Qué nos enseña eso?

Tercer día   *Lea* Salmos 38 y 39

PARA ESTUDIAR: El Salmo 38 es uno de los salmos de arrepentimiento (6, 32, 38, 51, 102, 130, 143). Su tema es una plegaria por la sanidad física y espiritual. El salmista está sumamente preocupado, no solamente por su gravísima enfermedad, sino también porque sus amigos le han abandonado y sus enemigos se aprovechan de su situación.

El título hebreo dice «para recordar», un término litúrgico, pero no es seguro su significado. En la severidad de su enfermedad el salmista ve la prueba de su pecado.

En el versículo 1 clama a Dios por su ayuda:

> «Jehová, no me reprendas con tu furor
> ni me castigues en tu ira».

Los versículos 2 al 20 describen su situación. En el versículo 2 las «saetas» son símbolo del castigo divino. Los versículos 3 al 10 describen la naturaleza de la enfermedad. En los versículos 3 y 4, el salmista reconoce que la enfermedad tiene que ser resultado del pecado. En consecuencia, sus amigos evitan encontrarse con él (11) y sus enemigos le acechan «y traman engaños todo el día» (12).

Como resultado a su plegaria, el salmista espera que Dios actúe (13-16); al confesar su pecado confía que será perdonado y sanado, así como rescatado de sus opresores (18-20).

Los versículos 21 y 22 son un clamor de ayuda a Dios:

> «No me desampares, Jehová;
> Dios mío, no te alejes de mí.
> ¡Apresúrate a ayudarme,
> Señor, salvación mía!»

El Salmo 39 es otro de los salmos de arrepentimiento. Es una oración por la salud de un salmista que ha estado sufriendo en silencio, pero que cansado de esperar presenta su queja a Dios y le pide ayuda.

En los versículos 1 al 3, el salmista cuenta que durante su grave enfermedad no se ha quejado para no darle apoyo a los que dudan de la justicia divina. Pero ahora habla a Dios directamente para quejarse de su situación.

Los versículos 4 al 6 expresan que la vida humana es corta y el salmista quiere saber «cuánta sea la medida de mis días» (4). Para él, la vida humana es fútil:

> «Ciertamente, como una sombra es el hombre;
> ciertamente, en vano se afana;
> amontona riquezas y no sabe quién las recogerá» (6).

Al final del salmo, el autor afirma y reconoce la autoridad divina (7-13) y ora a Dios por sanarse prontamente. Cuando el salmista dice «Líbrame de todas mis transgresiones» (8), lo que significa es sana las enfermedades que ellas causaron. El salmista sabe que la vida será corta y aspira a tener, al menos, un momento de descanso (12-13).

PARA MEDITAR Y HACER: ¿Por qué a estos dos salmos se les llama salmos de arrepentimiento? Considere las circunstancias de los dos salmistas y por qué tuvieron que arrepentirse. ¿Tiene usted que arrepentirse de algo? ¿Cuál es la consecuencia del arrepentirse?

Cuarto día   *Lea* Salmo 41:1-12

PARA ESTUDIAR: El Salmo 41 cuenta la experiencia y es también el testimonio de un enfermo grave que fue calumniado por sus enemigos y traicionado por el más íntimo de sus amigos. El enfermo le pidió a Dios que le ayudase en su dolor y que lo librase de su enfermedad y Dios así lo hizo. En el hebreo bíblico los verbos eran sumamente complejos y precisos, pero a diferencia del castellano estos verbos no se conjugaban en pasado, presente y futuro.

Al traducir el Antiguo Testamento a nuestro idioma; tenemos que decidir en qué forma los hemos de traducir. En el Salmo 41, debido a su estructura, es evidente que los versículos 1 al 3 expresan la gratitud de la redención divina y del 4 al 12 cuentan lo que pasó y cómo Dios le redimió.

Este salmo comienza con un testimonio de fe que sirve de introducción (1-3). El salmista está agradecido porque Dios ha respondido a su plegaria. En el texto hebreo falta la palabra «pobre», y ésta ha sido añadida de la LXX (1).

En los versículos 4 al 9 el salmista nos presenta la condición de lo que era su vida en el tiempo de su sufrimiento: enfermo de muerte, sus enemigos estaban contentos de ello y hasta un buen amigo se convirtió en su enemigo.

Fue esta experiencia, cuenta el salmista, lo que le llevó a implorar a Dios por su liberación y, al ser rescatado, expresa alabanza a Dios en los versículos 10 al 12.

El versículo 13 no es parte del salmo. Es la doxología que cierra el primer libro y la estudiaremos en la sesión final.

PARA MEDITAR Y HACER: ¿Se ha sentido usted alguna vez traicionado por uno de sus amigos? Examine delante de Dios su conciencia y hágase la siguiente pregunta: *¿he traicionado yo alguna vez a uno de mis amigos?*

Si la enfermedad no es resultado del pecado, ¿por qué hemos de orar a Dios para lograr nuestra sanidad?

Quinto día   *Lea* Salmos 51 y 88

PARA ESTUDIAR: El Salmo 51 es otro de los siete salmos de arrepentimiento (6, 32, 38, 51, 102, 130, 143). Su título hebreo lo atribuye a David: «cuando, después que se llegó a Betsabé, vino a él Natán el profeta». (Véase 2 Samuel 11:1-17 y 12:1-23.) Tal referencia es una atribución tardía, cuando se trató de relacionar a los salmos con hechos y eventos en la vida de David. Pero cuando el salmista dice «Contra ti, contra ti solo he pecado» (4), es imposible relacionar esta confesión con la muerte de Urías el heteo, uno de «los treinta» del rey David (2 Samuel 23:39).

Ciertamente David pecó contra Dios, pero también pecó contra Urías al cometer adulterio con su esposa Betsabé, y al planear alevosamente su muerte, a pesar de que Urías era uno de sus mejores jefes militares.

La verdad es que, como con los demás salmos, no sabemos quién lo compuso, pero éste es uno de los más hermosos poemas del Antiguo Testamento.

El Salmo 51 es un lamento personal, y aunque el versículo 8 muestra que el salmista sufre de una angustiosa enfermedad, su tema principal es la restauración de la salud moral, más bien que la salud física. Es evidente que este salmo se cantaba al tiempo que tenía lugar la ceremonia litúrgica del ritual de la penitencia. Ningún otro salmo tiene una percepción tan cabal de lo que es el pecado. El salmista quiere exponer lo que éste es, pero además desea alcanzar el perdón divino porque, en su mente, su condición física es el resultado de su pecado.

En los versículos 1 y 2 el salmista ora por su redención clamando a Dios y usa tres palabras para referirse a su pecado que lo describen muy bien: *mis rebeliones, mi maldad, mi pecado;* y tres verbos de cómo erradicarlo: *borrar, lavar, limpiar.*

En los versículos 3 al 5, el salmista reconoce su pecado y confiesa que ha pecado aun desde el momento de su concepción. Los versículos 6 al 12 ofrecen una nueva oración por la redención.

El versículo 7, el purificar con «hisopo», es la ceremonia del rociamiento (Éxodo 12:22). El hisopo es un arbusto de hojas pequeñas y tupidas. Sus ramas se usaban en la ceremonia de purificación.

Al final de la oración, en los versículos 13 al 17, el autor ofrece el voto o promesa de instruir a otros y de alabar y servir a Dios, más bien que ofrecer un sacrificio.

En el versículo 14 la frase «líbrame de homicidios» pudiera ser «líbrame de muerte prematura por castigo de mis pecados».

Los versículos 18 al 19 son una adición al texto de un poeta menos sensitivo y espiritual. Su origen tuvo lugar durante el período exílico o post-exílico, después del 587 a.C. cuando el Templo y las murallas de Jerusalén fueron destruidas y antes del 445 a.C. cuando Nehemías dirigió la reconstrucción de las murallas de Jerusalén. El propósito de la adición era modificar la actitud que estaba en contra de los sacrificios en el Templo de Jerusalén, y de ese modo adoptar el salmo para el uso litúrgico.

El Salmo 88 es una plegaria por la salud hecha por un enfermo que ve que un mal incurable está destruyendo su vida. Ésta es una súplica patética en la que su aflicción todo lo domina y su amargura todo lo controla.

Los versículos 1 y 2 son el clamor por el socorro divino en la que el salmista invoca a Dios de día y de noche, a toda hora.

En los versículos 3 al 9 el salmista presenta su situación ante Dios. Está ya al borde de la muerte (3) y ha sido abandonado por sus conocidos (8). Y en medio de todo ello el salmista dice: «Te he llamado, Jehová, cada día; / he extendido a ti mis manos.» (9), pero el salmista no encuentra respuesta.

Los versículos 10 al 18 son una plegaria pidiendo la restauración de la salud, pero no hay en ella expresión de confianza. Ésta es la más triste y sombría lamentación de todo el libro de Salmos.

Al igual que el Salmo 6, que vimos el primer día de esta semana, el salmista argumenta que de ser enviado a la morada de los muertos, al *seol*, nunca podrá adorar y alabar a Dios (10-12). El *Abadón* es sinónimo de *seol* (11). El salmista se sabe abandonado por Dios (13-17); y se siente afligido y sin esperanza (18).

PARA MEDITAR Y HACER: ¿El pecado humano sólo hiere a Dios? ¿Tiene el pecado consecuencias que angustian y abruman a otras personas? ¿En qué forma le inspira a usted el Salmo 51, uno de los más favoritos? ¿Ha visto usted condiciones en las que una persona está sumamente enferma y por la acción de Dios se salva?

Ore por los hermanos de su iglesia que se encuentran enfermos.

Sexto día   *Lea* Salmo 102

PARA ESTUDIAR: El Salmo 102 es un ruego por la salud del salmista, gravemente enfermo, y en el cual se ora también por la comunidad de Jerusalén la cual estaba en ruinas.

Los versículos 1 y 2 son su clamor por el socorro de Dios. En los versículos 3 al 11 se describe, de manera detallada, la situación del autor. Su problema es intestinal, lo cual le causa intenso dolor y problemas con su alimento, por lo cual se olvida de comer su pan (4). Se declara semejante al «pelícano» y al «búho», dos aves que habitan en lugares desolados y emiten sonidos como quejidos (6).

En fin, el salmista dice: «yo como ceniza a manera de pan / y mi bebida mezclo con lágrimas» (9), expresión de aflicción extrema pues la ceniza era señal de duelo y de dolor.

En el versículo 11, dice: «Mis días son como una sombra que se va / y me he secado como la hierba».

En contraste con su situación personal, los versículos 12 al 22 son un himno de alabanza a Dios. En medio del himno el salmista declara un mensaje profético que anuncia la reconstrucción de Jerusalén (15-18) y las generaciones futuras le alabarán allí (19-22).

El salmista implora en su oración que no se acabe su vida al transcurrir «la mitad de mis días», pues ésa es la muerte prematura reservada para los malvados (24). En contraste con lo efímero de la vida humana, se presenta un himno sobre la eternidad de Dios (25-28).

PARA MEDITAR Y HACER: ¿Por qué el salmista relaciona el Templo destruido por los babilonios con su propia enfermedad y su relación con Dios? ¿Qué nos enseña esto respecto a la obsesión por nuestra salud personal?

Séptimo día *Lea* Salmos 42 y 43

PARA ESTUDIAR: Los Salmos 42 y 43 son una plegaria por la salud antes de partir en un peregrinaje. Su título hebreo lo atribuye a «los hijos de Coré». Estos dos salmos son una sola composición que consiste de tres versículos con un estribillo (42:5, 11; 43:5).

El autor, quien vive al extremo norte de la Palestina, cerca del monte Hermón y de las fuentes del Jordán (42:6-7), no ha podido hacer su acostumbrado peregrinaje a Jerusalén (42:4; 43:3-4) debido a su enfermedad (42:10).

El Salmo 42:1-4 muestra el amor del salmista por el Templo y por la presencia divina allí. Como ya hemos visto, la opinión popular era que la enfermedad ocurre cuando Dios abandona a la persona. Los versículos 6-10 describen su situación: enfermo y lejos del Templo. El monte Mizar, de ubicación incierta, quedaba cerca del Hermón y de las fuentes del Jordán.

El Salmo 43:1-4 es una oración de que al sanarse de la enfermedad, el salmista sea vindicado como persona justa y pueda ir a Jerusalén.

PARA MEDITAR Y HACER: Esta semana hemos hecho referencias a las enfermedades. En el primer salmo de hoy tenemos una persona que no puede visitar el Templo de Jerusalén. ¿Qué condiciones hay en su iglesia que se semejan a ésta? ¿Hay personas enfermas en su congregación? ¿Hay personas que están reclusas por enfermedad o por ser ancianos?

Si usted no sabe estos detalles, trate de averiguarlos y visitar a esas personas que no pueden venir a la iglesia. O quizás lo mejor sería que tratasen de organizar el grupo de estudio de estos salmos para que hagan visitas regulares a esas personas.

SESIÓN PARA EL GRUPO DE ESTUDIO: A estas alturas ya debe ser una práctica de su grupo de estudio el comenzar con una oración para que Dios los ayude a aprender y a compartir sus experiencias. También deberá ser una práctica acostumbrada que cada persona ofrezca al resto del grupo su entendimiento, sus notas y sus preguntas derivadas de su estudio semanal. En este sistema todos nos enseñamos los unos a los otros y todo el que desee compartir con los demás lo que ha aprendido debe poder hacerlo.

Ya estamos casi a la mitad del estudio. Hoy iniciamos los lamentos personales y los salmos que estudiamos esta semana se refieren a las enfermedades. Por eso pida a cada alumno que:

- considere que hay gente que dice que el SIDA es un castigo de Dios a las personas por su pecado.

  ¿Parece esta idea estar de acuerdo con lo que vimos en estos salmos? Escriba un párrafo en el que dé su opinión sobre este tema.

- piense que hace siglos se creía que la peste bubónica, la lepra, la viruela y otras muchas enfermedades eran un castigo de Dios a las personas por su pecado. Hoy nadie piensa tal cosa. ¿Por qué? Escriba otro párrafo dando su opinión sobre este tema.

- recuerde que hoy hay muchísimas personas , niños inclusive, que sufren del SIDA o de otras enfermedades terribles. ¿Cree usted que la Iglesia tiene que condenarlos o ayudarlos? ¿Qué hizo Cristo en su ministerio aquí en la tierra? Escriba otro párrafo dando su opinión sobre este tema.

- piense que, si el pecado no es causa de las enfermedades, ¿qué consecuencias tiene el pecado? Organice el grupo en grupos pequeños y tenga un período de discusión sobre este tópico. Reporte a toda la clase al terminar la discusión.

- piense en cómo su iglesia local ayuda, o pudiera ayudar, a las personas de su vecindario que sufren de enfermedades.

Termine la sesión con una oración.

Séptima Semana
Lamentos personales II

Primer día *Lea* Salmos 5 y 7

PARA ESTUDIAR: A diferencia de los lamentos que consideramos la semana pasada, asociados con enfermedades, los de ésta y de la próxima semana son lamentos que tienen que ver con enemigos personales. Por supuesto que son muy semejantes a los anteriores porque uno de los elementos en los lamentos que estudiamos anteriormente era el conflicto con los enemigos.

El Salmo 5, en su título hebreo dice «sobre Nehilot». Esto puede significar «para flautas» o «para instrumentos de viento». Aquí el salmista visita el Templo de Jerusalén y le ofrece a Dios una vigilia de oración, rogando a Dios que le libere de sus enemigos personales que le han acusado injustamente.

Los versículos 1 y 2 de este salmo comienzan con un clamor de auxilio del salmista al «Rey mío y Dios mío», rogándole: «Atiende la voz de mi clamor . . . porque a ti oraré» (2).

En los versículos 3 al 7 el salmista proclama su expresión de confianza al terminar la vigilia y anuncia «de mañana oirás mi voz; / de mañana me presentaré delante de ti» (3). En ese momento dice: «adoraré con reverencia hacia tu santo Templo» (7). Así dice porque los judíos oraban siempre mirando en dirección al Templo de Jerusalén, por lejos que estuviesen.

Los versículos 8 al 12 son la oración final en la que el salmista pide que sus enemigos sean destruidos, y tiene la seguridad de que así lo hará Dios, mientras que el justo recibirá su protección absoluta. El salmista lo declara diciendo «como con un escudo lo rodearás de tu favor» (12). Por aquel tiempo había dos tipos de escudos; uno que cubría el busto, y otro que cubría todo el cuerpo y era llevado por un escudero. La frase se refiere a este segundo tipo de escudo, es decir, protección absoluta.

El Salmo 7 es la plegaria de una persona acusada y perseguida por sus enemigos que se confiesa inocente delante de Dios y le ruega su auxilio. El título hebreo alude a un episodio y a un personaje que no aparece en ninguno de los relatos de David. El término *Sigaión* puede ser «lamentación».

Los versículos 1 y 2 son el clamor de auxilio, típico del lamento, en el que se apela a Dios. En los versículos 3 al 5 el salmista profesa su inocencia y declara que no hay en él pecado que pueda justificar la persecución de sus enemigos. (Para *Selah*, véase la «Introducción»).

En los versículos 6 al 9 el salmista ruega por la intervención de Dios en un juicio en que se condenen sus enemigos. Para el autor «el Dios justo prueba la mente y el corazón» (9) hasta la profundidad de la conciencia humana. La expresión de absoluta confianza en Dios se afirma en los versículos 10 al 16, y al final el salmista afirma su voto y su promesa de acción de gracias (17).

PARA MEDITAR Y HACER: ¿Por qué los lamentos siempre se achacaban a los enemigos del salmista? ¿Eran paranoicos estos autores de los salmos? Quizás usted tenga algunos enemigos, pero ¿cree usted que esos enemigos pueden inducir a Dios a que le cause problemas? Por otra parte, los salmos de lamentación celebran la protección divina. ¿Cómo cree usted que Dios ayuda al ser humano cuando tiene problemas?

Segundo día *Lea* Salmos 13, 17 y 26

PARA ESTUDIAR: El Salmo 13 es una súplica brevísima que busca encontrar liberación de sus enemigos. La queja del salmista se enfatiza con la pregunta «¿Hasta cuándo. . .?», típica de la lamentación (74:10 y 79:5, en lamentos nacionales; 84:46, en lamento real; Isaías 6:11, en lamento cúltico), que se repite cuatro veces en los dos primeros versículos.

El primer hemistiquio del versículo 1 está dividido en dos preguntas: «¿Hasta cuándo, Jehová? ¿Me olvidarás para siempre?», debiera decir: «¿Hasta cuándo, Jehová, me olvidarás para siempre?» De esa manera se evidencia el quebrantamiento de la lógica como resultado de la tribulación del salmista.

En el versículo 2 se hace referencia a «conflictos en mi alma, / con angustias en mi corazón cada día». Recuerde la diferencia entre el significado de «alma» y «corazón» en el Antiguo Testamento y lo que significan hoy día (véase 3/1 y 4/4). Continúa la oración en los versículos 3 y 4 implorando la ayuda divina. En el versículo 3 dice: «alumbra mis ojos, para que no duerma de muerte». El «alumbrar los ojos» significa el darles el brillo, resplandor y vitalidad que pierde el ojo de un enfermo grave, y el «dormir de muerte» es el sueño del cual uno nunca se despierta.

En el versículo 4 se le pide ayuda a Dios para que el enemigo no clame victoria puesto que la caída del salmista mostraría la debilidad de Dios.

En fin, el salmista expresa su confianza absoluta en Dios en quien ha confiado (5) y, al final, viene el voto o promesa de cantar en gratitud a Dios (6).

El Salmo 17 es una plegaria pidiendo protección contra sus acusadores. Comienza el lamento con su clamor a Dios para que ofrezca una defensa en contra de sus acusadores (1-2). En los versículos 4 al 6 el salmista protesta de su inocencia.

Hay un problema básico en la traducción del Antiguo Testamento al español. Estos escritos fueron hechos en lenguas semíticas (hebreo y arameo), mientras que nuestra lengua es parte de los idiomas indo-europeos o arios, que son muy diferentes. En nuestra lengua los tiempos verbales son muy importantes, de manera que el pasado, presente o futuro son la esencia misma de la oración. Pero los verbos hebreos, aunque son muy precisos en otros aspectos, no enfatizan los tiempos verbales. En este caso, los verbos se presentan en RVR95 como algo que Dios ya ha hecho, pero, en realidad la petición del salmista es de esta manera:

> «Si pruebas mi corazón,
> si me visitas en la noche
> o si quieres ponerme a prueba,
> nada encontrarás:
> mi boca no comete delito.» (3)

Lo que el autor propone a Dios es el pasar esa noche en el Templo de Jerusalén, cosa bastante frecuente en los ruegos de las lamentaciones. Él espera encontrar el solaz y la protección de Dios contra sus enemigos y se ofrece a sí mismo para que Dios lo examine. En los versículos 6 al 14 se ofrece de nuevo la petición renovada. Entonces le pide que lo cuide y lo guarde «como a la niña de tus ojos» (8) que es la pupila, lo más precioso del ojo. Aquí tenemos un «antropomorfismo» de los que hay con mucha frecuencia en la Biblia, donde se presenta a Dios como si fuese un ser humano. Éstas son imágenes y referencias simbólicas, no una descripción de cómo Dios es. Dios no tiene ojos como nosotros, pues el ojo de Dios «todo lo ve», y nuestros ojos ven bien poco.

En el mismo versículo hay otra referencia simbólica cuando dice «escóndeme bajo la sombra de tus alas». Las alas son para moverse de una parte a otra, y Dios está en todas partes al mismo tiempo así que no necesita alas. El símbolo puede significar que como una gallina protege a sus polluelos bajo sus alas, así Dios protege al salmista, o quizás sea una referencia a los querubines que en el Lugar Santísimo del Templo protegían el «Arca del pacto» (véase 1/5).

En los versículos 10 al 12 se presenta una descripción de los acusadores y por fin, en el versículo final hay una expresión de confianza de que al amanecer, al romper el alba, estará en la presencia de Dios quien le ha dado la paz. En este caso no se refiere a la contemplación de Dios después de la muerte puesto que en el Antiguo Testamento el concepto de lo que ocurre después de la muerte es el ir al *Seol*, la morada de los muertos, donde se está totalmente incomunicado de Dios (véase 1/5).

El Salmo 26 es la súplica de alguien que ha sido acusado injustamente. En el versículo 2 el salmista apela directamente a Dios:

«Escudríñame, Jehová, y pruébame;
examina mis íntimos pensamientos
y mi corazón».

En los versículos 4 al 5, el salmista declara su inocencia; busca consuelo y afirmación divina (6-9); y promete ser fiel, recto y leal (11-12).

PARA MEDITAR Y HACER: Los lamentos se preguntan «¿Hasta cuándo?» ¿Se ha preguntado usted esto alguna vez? ¿Qué clase de dolor o sufrimiento ha experimentado usted? ¿Alguna vez se ha sentido usted acusado? ¿Le ha pedido ayuda a Dios en ese momento? ¿De qué manera le inspiran estos tres salmos de hoy?

Tercer día   *Lea* Salmos 31 y 35

PARA ESTUDIAR: El Salmo 31 es otro lamento, pero en este caso el salmista invoca a Jehová como si ya hubiese recibido su beneficio.

Los versículos 1 al 8, y 9 al 24 son similares en su forma, pues estas dos secciones contienen los elementos principales del lamento. Algunos eruditos creen que en este salmo tenemos la combinación de dos de ellos: el primero del versículo 1 al 8, y el segundo del versículo 9 al 24. Otros piensan que se trata de un solo salmo con una mayor complejidad.

En la sección que va del versículo 1 al 8, se presenta el clamor por la ayuda (1-2), la situación del salmista (3-4) y una expresión de confianza: «En tu mano encomiendo mi espíritu» (5a). (Según Lucas 23:46, éstas fueron las últimas palabras de Jesús en la cruz.)

En este caso «mi espíritu» es una traducción del hebreo «mi alma», pero recuérdese que en el pensamiento hebreo tal cosa significa la totalidad de la persona (véase 3/1). En otras traducciones el pasaje dice «En tus manos encomiendo mi vida». El salmista protesta de nuevo su inocencia y rinde reconocimiento de la ayuda divina (6-8).

Algunos eruditos separan la sección del versículo 9 al versículo 24, y consideran que éste es otro salmo independiente, pues aquí se tienen todos los elementos de la lamentación. Primeramente tenemos un intenso clamor por la ayuda de Dios (9).

Después, en los versículos 10 al 13, se describe la angustiosa situación del autor. En el versículo 14 hay una expresión de confianza, seguida por una oración por su vindicación (15-18). Se repite entonces otra expresión de confianza (19-20) y por fin hay un reconocimiento de la ayuda divina (21-24).

El Salmo 35 es otra plegaria por liberación de sus enemigos. Como en el salmo anterior, los elementos del lamento aparecen en este salmo más de una vez. Por eso debemos tratar cada una de las tres unidades por separado como si cada una fuese un lamento.

El primer lamento aparece en los versículos 1 al 10. Comienza con el clamor por vindicación y venganza en el que se llama a Dios a que, armado para el combate, confronte a los que lo persiguen (1-6). La situación del salmista que, consciente de su inocencia pero sabiendo del peligro, pide ayuda a Dios (7). La plegaria por la venganza hasta entonces se ha referido a sus enemigos en plural, pero ahora se refiere en singular, evidentemente a un enemigo en particular (8). El voto o la promesa del salmista está en los versículos 9 y 10; en el versículo 10 «todos mis huesos» significa «todo mi ser».

El segundo lamento en los versículos 11 al 18 comienza con la situación del salmista en la que se describe cómo los que en un tiempo fueron sus amigos y familiares hoy son sus enemigos (11-16). El clamor por la ayuda pregunta a Dios: «Señor, ¿hasta cuándo verás esto?» sin hacer nada (17). Los «leones» es una expresión que se usa frecuentemente en las lamentaciones para identificar a los enemigos.

Por último, en el versículo 18, viene el voto o la promesa de alabar a Dios en la congregación del Templo una vez que sea rescatado de sus enemigos.

Finalmente, el tercer lamento aparece en los versículos 19 al 28. Comienza con el clamor por ayuda (19). Se describe la situación del salmista que ha sido calumniado por sus enemigos (20-21). En los versículos 22 al 27 viene entonces la plegaria por la venganza afirmando: «¡Tú lo has visto, Jehová! ¡No calles!», y termina en el versículo 28 con el voto o la promesa del salmista.

PARA MEDITAR Y HACER: Nótese que muchas de las cosas que Jesucristo citó en la cruz vienen de los lamentos de los Salmos. ¿Qué nos dice esto? ¿De qué manera nos inspira? ¿Se han distanciado sus amigos y familiares? ¿De qué manera usted pudiera tomar la iniciativa para restaurar esa relación?

PARA ESTUDIAR: El Salmo 54 es otra plegaria en la que se pide ayuda a Dios contra la violencia de sus enemigos. El título hebreo lo atribuye a David y lo asocia con 1 Samuel 23:19, cuando David era perseguido por Saúl, pero el salmo mismo no alude a esta situación. Los versículos 1 y 2 son el clamor por el socorro para que Dios le ayude. Nótese el paralelismo, tanto en el versículo 1 como en el 2. El «nombre» de Dios, YHWH (véase 2/3), sólo se decía en el culto litúrgico del Templo de Jerusalén. Su «nombre» es la esencia misma de la divinidad lo que significa el poder de Dios, su carácter y su naturaleza.

El versículo 3 describe la situación del salmista. En este caso no son ni amigos ni parientes los que se han tornado en enemigos, sino que

«extraños se han levantado contra mí
y hombres violentos buscan mi vida».

Los versículos 4 y 5 expresan la confianza de que Dios le ayudará, devolviéndole el mal a sus enemigos. Por último, los versículos 6 y 7 incluyen el voto de hacer sacrificio a Dios porque ya Dios le ha redimido de sus enemigos.

El Salmo 55 es una plegaria contra los enemigos del salmista, pero por causa de las dificultades textuales, el cambio de motivos y promesas y la falta de secuencia, hacen al salmo muy difícil de interpretar. Muchos eruditos han sugerido circunstancias especiales como modificaciones en el texto, reordenar los hemistiquios, versos o estrofas, circunstancias litúrgicas o momentos históricos para resolver los problemas. Otros suponen que el problema es que dos o más salmos se han fusionado en uno solo, pero ninguna de estas explicaciones clarifica el problema. Por lo tanto, la mejor solución es dejarlo como está, darse cuenta de que se habla en lenguaje poético y tratar de ver lo que así nos dice.

La primera parte (1-2a) es el clamor a Dios pidiendo su socorro. Esta sección es como los otros salmos de lamentación que ya hemos visto.

La segunda parte (2b-8) describe la situación del salmista. Terror y espanto lo confunden y en su sueño concibe el tener «alas como de paloma» (6) para huir lejos, morar en el desierto y «escapar / del viento borrascoso, de la tempestad» (8).

La tercera parte (9-15) incluye la imprecación contra sus enemigos y la acusación vehemente del mal que le han hecho. El salmista ruega a Dios: «Destrúyelos, Señor; confunde la lengua de ellos» (9). Ésta es una clara alusión a la torre de Babel y al castigo divino como consecuencia (Génesis 11:7-9).

En el versículo 11 las «plazas» de la ciudad no estaban dentro de la ciudad puesto que ésta estaba congestionada, sino que quedaban junto a la puerta de la ciudad. Por aquella época las ciudades eran amuralladas, y como que la puerta de la muralla era el lugar más débil de sus defensas, lo que se hacía era que se colocaban varias puertas, por lo menos tres o cuatro, una detrás de la otra. Cada puerta estaba flanqueada por un par de torres y éstas se unían con las torres de la otra puerta por medio de murallas. El espacio entre cada dos puertas, las cuatro torres y las murallas que unían a las torres eran las plazas. Pegados a las torres y a las murallas de cada plaza había bancos de piedra donde se hacían los negocios y los tribunales juzgaban los pleitos (Rut 4:1-12). Es por esto que el salmista, condenando lo que allí ocurre, dice: «y el fraude y el engaño no se apartan de sus plazas».

Pero de todos los fraudes, engaños, maldades y afrentas, lo que más dolor y pena le da es que su mayor enemigo había sido antes su amigo. Por ello, por lo que había hecho su amigo y por lo que habían hecho sus demás enemigos, en el versículo 15 el salmista pide a Dios: «Que la muerte los sorprenda; / desciendan vivos al seol» (véase 1/5). La violencia del lenguaje busca enfrentarse con la maldición que sus enemigos le impusieron y produce una maldición sobre sus enemigos.

La cuarta sección del Salmo 55 va del versículo 16 al 23. La expresión de confianza se basa en que el salmista clamará a Dios: «en la tarde, al amanecer y al mediodía» (17).

Esta secuencia se basa no solamente en que el día comenzaba con la puesta del sol, sino también porque éstos eran los momentos culminantes de la liturgia en el Templo de Jerusalén.

En los versículos 20 y 21 hay una queja contra el perverso enemigo, pero por fin, en los versículos 22 y 23 se expresa la confianza en Dios. «Tu carga» (22), esta palabra nunca más aparece en el Antiguo Testamento, pero en escritos rabínicos significa una angustiosa preocupación.

PARA MEDITAR Y HACER: Jesucristo nos enseñó a amar a nuestros enemigos, pero en estos salmos de lamento hay una constante plegaria para que Dios castigue a los enemigos del salmista. ¿Por qué es así? Por otra parte, Jesucristo citó muchos de estos lamentos. ¿Qué cree usted de estas dos cosas? ¿De qué manera estos lamentos son una inspiración para nosotros?

Quinto día   *Lea* Salmos 56 y 57

PARA ESTUDIAR: El Salmo 56 es un lamento que tiene frecuentes expresiones de confianza en Dios. Su título hebreo «La paloma silenciosa en paraje muy distante» es la melodía de una canción. También en el título hebreo se menciona la captura de David en la ciudad filistea de Gat, pero no hay en todo el Antiguo Testamento una referencia a la captura de David por los filisteos. Su permanencia entre ellos se narra en 1 Samuel 21:10-15; 27 y 29, donde David sirvió como mercenario bajo Aquis, el rey de Gat.

En el Salmo 56:1-2 se sugiere un combate militar, posiblemente un rey atacado por enemigos extranjeros, aunque algunos eruditos piensan que se trata de expresiones metafóricas. Los versículos 3 y 4 son una expresión de confianza, pues dice: «En el día que temo, / yo en ti confío», afirmando la certidumbre de que Dios ha de actuar en su favor. Cuando dice «¿Qué puede hacerme el hombre» (4), literalmente «la carne», se contrasta la autoridad humana con el poder divino.

Los versículos 5 y 6 describen la situación del salmista y el versículo 7 es la oración por la vindicación. Los versículos 8 al 11 son otra expresión de confianza. La palabra «redoma» (8), que significa «botella» o «vasija de vidrio»[1], debiera decir «odre», que es un cuero de cabra que sirve para guardar líquidos pues es eso lo que se menciona en el texto hebreo.

En los versículos 12 y 13 tenemos el voto o promesa porque ya se sabe liberado «en la luz de los que viven» (13) en lugar de irse al seol, la morada de los muertos (véase 1/5).

El Salmo 57 es otro lamento individual sumamente breve (1-5), que viene seguido de un canto de acción de gracias (6-11). En su título hebreo, las palabras «No destruyas» es la melodía con la que se canta el salmo.

El versículo 1 es el clamor por el socorro divino. Las palabras «en la sombra de tus alas» denotan la esperanza de la protección de Dios (véase 7/2). Los versículos 2 y 3 son la expresión de confianza, el versículo 4 cuenta la situación del salmista, y el 5 es la oración para la gloria de Dios. El versículo 6 declara que en la desgracia que planearon sus enemigos «han caído ellos mismos».

Los versículos 7 al 11 son un voto como acción de gracias por la liberación que se ha logrado. Estos versículos son sumamente semejantes al Salmo 108:1-5.

En el versículo 8, cuando el salmista declara que «de mañana» estará en el Templo, es porque la madrugada era el momento cumbre de la adoración. Al final, en el versículo 11 se repite el versículo 5:

«¡Exaltado seas, Dios, sobre los cielos!
¡Sobre toda la tierra sea tu gloria!»

PARA MEDITAR Y HACER: Los lamentos no son sólo quejas y problemas que angustian al salmista. Muchas veces tenemos expresiones de confianza en Dios. Haga una lista de las expresiones de confianza que aparecen en el Salmo 56. Haga otra lista de sus propias experiencias de confianza en Dios con casos específicos. Entonces, compare las dos.

¿Hay algunas semejanzas entre las dos? ¿Hay algunas diferencias entre las dos? ¿Por qué usted piensa que es así?

Sexto día   *Lea* Salmos 59 y 64

PARA ESTUDIAR: El Salmo 59 es una plegaria en la que el salmista, acusado injustamente, clama por poner fin a la persecución de sus enemigos. El título hebreo se refiere a 1 Samuel 19:11-17.

Ya hemos visto en repetidas ocasiones la estructura del salmo de lamentación. Este salmo sigue muy sucintamente todos los elementos ya discutidos en otros casos. Trate de ver si usted puede identificar cada una de las secciones. Para verificar su respuesta, vea la sección «PARA MEDITAR Y HACER» al final del estudio de este día.

Por ahora examine y anote dónde está cada uno de los siguientes elementos:
a) clamor por el socorro
b) la situación del salmista
c) expresión de confianza
d) apelación por la venganza
e) el voto o promesa.

El Salmo 64 es una breve plegaria que busca poner fin a las calumnias e intrigas de los enemigos. Como ocurre en la mayor parte de los lamentos, este salmo comienza por el clamor por el socorro divino cuando el salmista implora: «Escóndeme del plan secreto de los malignos, / de la conspiración de los malvados» (2).

En los versículos 3 al 6 su situación es que se ve asolado por éstos que conspiran en silencio contra él. Algunos eruditos piensan que se trata de conjuros como los que en Cuba llamábamos «brujería».

De todos modos, éstos están «obstinados en su perverso designio» (5). Las maldades que planean no son hechas al azar, sino que «hacen una investigación exacta» (6). Se ve asolado por estos enemigos que él no sabe, ni siquiera, quienes son.

En los versículos 7 y 8 viene la expresión de confianza en Dios pues «Sus propias lenguas los harán caer» (8), en el pecado está el castigo. Finalmente los versículos 9 y 10 expresan el temor y la alegría de los justos ante la intervención divina.

PARA MEDITAR Y HACER: Veamos las siguientes secciones del Salmo 59: A) 1-2; B) 3-7; C) 8-10; D) 11-15; E) 16-17. Escriba una expresión de alegría por la intervención divina en alguna cosa que usted haya hecho.

Séptimo día   *Lea* Salmo 69

PARA ESTUDIAR: El Salmo 69 es una de las lamentaciones más impresionantes en todo el libro de Salmos. Su súplica patética a Dios en demanda de auxilio ciertamente nos conmueve.

Como de costumbre, el lamento se inicia en los versículos 1 al 4 con el clamor por el socorro. El salmista se siente abrumado, siente que se va rumbo al seol, pues su pena es como un abismo sin fondo, como un mar del caos, como un «cieno profundo, / donde no puedo hacer pie» (2); pues se ve acusado de robo y perseguido injustamente (4).

En el versículo 5 el salmista reconoce que él ha pecado, posiblemente porque está enfermo y como ya hemos visto en ese tiempo se pensaba que toda enfermedad es castigo de Dios, pero él no ha robado a nadie. Por el contrario, él sabe que Dios conoce la injusticia de sus enemigos. En el versículo 6 continúa el clamor por el socorro porque si Dios no lo ayuda, los fieles quedarán decepcionados de la justicia de Dios.

Los versículos 7 al 21 describen su situación. Sus amigos y parientes le han abandonado (8); el salmista llegó a ser «por proverbio», burla y risa de todos (11). «Los que se sentaban a la puerta» (12) de la ciudad hablaban contra él (véase 7/4).

Los versículos 13 al 18 son una intensa plegaria debido a su profunda emoción, y del 19 al 21 se describen sus enemigos y el dolor que le han causado:

«Esperé a quien se compadeciera de mí, y no lo hubo;
busqué consoladores, y ninguno hallé.
Me pusieron además hiel por comida
y en mi sed me dieron a beber vinagre».

Este pasaje es citado en la historia de la crucifixión de Cristo.

Los versículos 22 al 28 son una maldición sobre sus enemigos en la que les condena a una muerte prematura cuando dice «¡sean borrados del libro de los vivientes!» (28). El versículo 29 es una oración exclamatoria, inmediatamente después de la cual debe haber seguido la sección sacerdotal del perdón puesto que los versículos 30 al 36 son una acción de gracias por la respuesta favorable. Evidentemente este salmo es post-exílico, pues en los versículos 35 y 36 se habla de la restauración de Jerusalén.

PARA MEDITAR Y HACER: Examine el clamor del socorro en este salmo y escriba en su libreta un párrafo sobre cómo el salmista se sentía. No copie el texto de esos versículos, pero use formas contemporáneas, imágenes del día de hoy, para poder dar el mismo sentido.

SESIÓN PARA EL GRUPO DE ESTUDIO: Como de costumbre, tenga una oración para que Dios ayude al grupo a aprender y a compartir sus experiencias. Permita que cada uno que desee compartir lo que ha aprendido lo haga con los demás.

En cuanto a este estudio sobre los lamentos personales, organice la clase en grupos de tres personas:

- A cada grupo le toca decidir las cuatro cosas que más les interesaron de los lamentos personales que vimos esta semana.

- Cada grupo debe reportar a toda la clase, explicando por qué seleccionaron estos cuatro temas. Anótelos en la pizarra o en papeles que estén en la pared bien visibles al grupo.

- Toda persona deberá seleccionar un tema que le sea lo más importante, y entonces deberá escribir lo siguiente en su libreta:

«Para mí el tema más importante del estudio de los lamentos esta semana fue. . .»

Luego, escriba un párrafo sobre este tópico.

- Lea cada uno lo que escribió y participen en una discusión sobre estos tópicos.

- Al terminar la discusión, escriba en su libreta un párrafo que comience así:

«Para mí lo más interesante, y lo que más me ayuda en mi vida espiritual es (diga el tema) porque. . »

Termine la sesión con una oración.

---

[1] *Real Academia Española, Diccionario de la Lengua Española* (Madrid: Espasa Calpe, © 1997), Edición XXI.

Octava Semana
Lamentos personales III

Primer día   *Lea* Salmos 70 y 71

PARA ESTUDIAR: Como vimos en la «Introducción», los lamentos son los salmos más numerosos de toda la Biblia; y hace un par de semanas que dijimos que los lamentos son tantos que tendremos que estudiarlos durante más de la tercera parte de este estudio. Aquí está la evidencia. Hoy comenzamos la tercera semana del estudio de los lamentos personales.

Comencemos con el Salmo 70 que es muy similar a los que ya hemos visto. Este salmo es una plegaria por ser liberado de sus enemigos, con estructuras y normas similares a los otros. Pero este lamento tiene una característica muy especial y es que aparece dos veces en la Biblia, una vez aquí y la otra en el Salmo 40:13-17. Los dos pasajes son casi idénticos, con una salvedad:

Donde el Salmo 70 dice Dios (*Elohim*), el 40 dice «Jehová» *(YHWH)* y donde el 70 dice Jehová, el 40 dice «Dios». No es que uno de ellos use un nombre para la divinidad y el otro use el otro nombre, sino que ambos usan los dos nombres, pero están, por decirlo así, cruzados.

La estructura misma del Salmo 70 consiste en la invocación de Dios (1), la solicitud de ayuda (2-3), la exaltación de Dios (4) y el aprecio por la liberación divina (5). La súplica (2-4) tiene en este caso dos facetas: una, como es de esperarse en el lamento, en contra de los enemigos; la otra, a favor de los amigos, de los que aman a Dios.

Hay un detalle final. En la RVR95, el versículo 3b dice: «los que se burlan de mí». En la RVR60 dice: «Los que dicen: ¡Ah!¡Ah!» La versión original de Casiodoro de Reina (1569) dice: «los que dizen, Hala, Hala».

¿Qué es lo que decía el texto hebreo traducido al castellano?: «los que dicen: 'Ajá, ajá'». En otras palabras, la palabra castellana «ajá» se deriva del hebreo *aja*. Decimos esto para enfatizar que, a pesar de lo que dijimos de las grandes diferencias entre el español y el hebreo, lo cierto es que nuestra lengua cuenta con muchas palabras que se derivan del hebreo debido al impacto de la población judío-española o los sefarditas hasta que éstos fueron expulsados de España en el año 1492.

Sigamos con el Salmo 71, la oración de un anciano que, a pesar de la adversidad y persecución, se mantiene firme en su fe y pide ayuda de Dios para librase de sus enemigos. Este salmo tiene tres secciones mayores y otras subsecciones.

La primera parte, los versículos 1 al 8, es el clamor por el socorro divino, combinado con expresiones de confianza.

La segunda parte, los versículos 9 al 16, incluye la situación del anciano quien tiene enemigos violentos y para el cual su edad es una desventaja para enfrentarse con ellos (9-11); continúa con una oración por la vindicación; y culmina con una expresión de júbilo (14-16).

Por último, este salmo termina con la tercera parte (17-24) donde se adentra en una acción de gracias en forma de himno, cantando al «Santo de Israel» (22), título dado a Dios por el profeta Isaías.

PARA MEDITAR Y HACER: Compare el Salmo 70 con el 40:13-17. ¿Qué diferencias encuentra usted entre los dos? ¿Qué similitudes? ¿Cuáles son los problemas del Salmo 70? ¿Cuáles son los problemas del Salmo 71?

¿Ha experimentado usted personalmente alguno de esos problemas? ¿Cómo le ayudan estos dos salmos en su vida espiritual? Aun cuando usted no sienta que hay enemigos que buscan su desgracia, ¿cómo percibe usted las bendiciones de Dios?

Segundo día   *Lea* Salmos 86 y 106

PARA ESTUDIAR: El Salmo 86 es una súplica o lamento personal de una persona muy humilde, y está formado por frases tomadas de pasajes del Antiguo Testamento. A lo largo de este salmo hay muchas ideas y conceptos que ya hemos explicado. Por ejemplo, en el versículo 8 dice «ninguno hay como tú entre los dioses», para este concepto véase 2/5. Y en el versículo 13 se habla de las «profundidades del seol», lo cual se explica en 1/5.

El Salmo 86 se divide en tres partes. La primera, los versículos 1 al 7, comienza, como siempre, con el clamor por el socorro de Dios, pero lo hace de una manera que denota su humildad. Casi en cada versículo del salmo, el autor llama a Dios usando el vocativo «Jehová», «Dios», «Dios mío» o «Señor».

En español el vocativo se expresa separando las palabras por dos comas, a no ser que comience la oración en cuyo caso se separa del resto de la frase por una coma. Lo que expresa el salmo bajo esta condición es una constante y persistente invocación a Dios.

La segunda parte del salmo, los versículos 8 al 13, incluye la alabanza a Dios por su poder, una plegaria por la dirección espiritual y una expresión de confianza.

En la tercera parte del salmo, los versículos 14 al 17, tenemos una oración contra sus enemigos (14) y al final una súplica (15-17) en la que el salmista hace referencia a su madre (16c).

Este salmo no tiene la organización estricta que hemos visto en otros salmos de lamento, pero la intensidad de su pasión por Dios y la belleza de sus apelaciones lo marca de una manera muy especial. El autor sabe que ha pecado, pero no se siente agobiado y deprimido como hemos visto en otros salmos, pues él sabe que la inmensa misericordia de Dios le perdona.

En el Salmo 109, el salmista pide la ayuda de Dios para hacer ineficaces las maldiciones de sus enemigos. En el versículo 1 se ofrece un intenso clamor por el socorro divino pidiéndole a Dios, «no calles». En contraste, cuando se describe su situación en los versículos 2 al 5, se dice que «boca de impío y boca de engañador / se han abierto contra mí» (2). El amor y la devoción a la oración (4-5) se contrastan con la imprecación que le sigue.

Los versículos 6 al 19 son la maldición más violenta y más larga de todo el libro de Salmos. Es más, no hay en toda la literatura religiosa cristiana una oración con tantas maldiciones. No cabe duda que un ser humano del día de hoy pudiera tener tanto odio y rencor como uno de sus antepasados más remotos, pero el sentir religioso del amor no puede aceptar estas ideas. ¡Cómo puede uno dirigirse a Dios hablando de esta manera? Señalemos que en este caso la palabra «Satanás» (6) no se asocia con el diablo, sino que es una palabra de origen persa que significa el «acusador legal» o lo que hoy llamaríamos «el fiscal».

En los versículos 20 al 29, hay una oración a Dios por ser redimido de sus enemigos, y en los versículos 30 y 31 está el voto de alabar a Dios en medio de la muchedumbre del Templo. La «langosta», en el versículo 23, no es el crustáceo marino, sino el insecto que tanto daño hace a las cosechas.

PARA MEDITAR Y HACER: ¿Por qué el salmista invoca constantemente a Dios en el Salmo 86? Contraste esto con las maldiciones del Salmo 109. ¿Por qué estos dos salmos de lamento son tan distintos? Mucha gente, cuando leen estos oprobios y maldiciones, alegorizan esas imprecaciones, pero lo cierto es que son de verdad. ¿Por qué el autor del Salmo 109 se portó de esa manera? Como cristianos, ¿debemos actuar de la misma manera?

Tercer día *Lea* Salmos 139 y 140

PARA ESTUDIAR: En contraste con el Salmo 109 que vimos ayer, el Salmo 139 es un lamento en el que se expresa la maravilla de la sabiduría de Dios en lugar de estar obsesionado por la maldad de sus enemigos. Es cierto que eventualmente viene la condenación de aquéllos que conspiran contra él, pero la mayor parte del salmo glorifica a Dios en cuanto a su sabiduría, su presencia y su poder.

Quizás lo mejor será usar tres palabras que se usan en el campo de la teología para identificar estos aspectos: *omnisciencia, omnipresencia* y *omnipotencia*. El prefijo «omni» significa «todo», de modo que estas tres palabras significan «Dios todo lo sabe», «Dios está en todas partes al mismo tiempo» y «Dios todo lo puede». En el tiempo en que se escribió este salmo, esas tres palabras no existían, pero es a eso a lo que se refiere el autor de esta obra maravillosa.

Estos tres temas aparecen en los versículos 1 al 18. Los versículos 1 al 6 son una apelación a la omnisciencia divina: todo lo que ha hecho el autor lo sabe Dios y no hay nada que se le pueda esconder. Los versículos 7 al 12 apelan a la omnipresencia divina: no hay crímenes secretos puesto que Dios está en todas partes y todo lo ve.

Por fin, los versículos 13 al 16 son una apelación a la omnipotencia divina: Dios formó su embrión allá, «en lo más profundo de la tierra», en la matriz de la madre, y Dios conoce el carácter del salmista desde el momento de su concepción.

Los versículos 17 y 18 son una exclamación de maravilla ante estos portentos de Dios, y en los versículos 19 al 24 por fin aparece la oración de liberación. En el versículo 21 el salmista identifica a sus enemigos como los enemigos de Dios y en el 23 y 24, confiado en su inocencia, apela a Dios pidiéndole:

> «Examíname, Dios, y conoce mi corazón;
> pruébame y conoce mis pensamientos.
> Ve si hay en mí camino de perversidad
> y guíame en el camino eterno».

El Salmo 140 es un lamento individual en el que se busca la protección de la justicia de Dios contra la injusticia de sus enemigos, pero desde el primer momento la fe del salmista le da la certeza de que Dios lo salvará.

En la primera estrofa (1-2) viene la invocación y el clamor por la ayuda de Dios, pero al mismo tiempo, y combinado con ello, se describe a los enemigos. Lo mismo ocurre con la segunda estrofa (3-5) donde se describe su situación. Dice, por ejemplo:

> «Aguzan su lengua como una serpiente;
> veneno de víbora hay debajo de sus labios».
> (140:3)

La plegaria por ser liberado de sus enemigos (6-11) incluye dos temas: Uno, que Dios no permita que ocurra el antojo del malvado (6-8); y dos, la petición de la destrucción del malvado opresor al aplicarle al enemigo la misma maldición que le había impuesto al salmista (9-11).

Por fin, en los versículos 12 y 13, viene la expresión de confianza de que Dios ha de rendir ayuda y que vendrá la victoria.

PARA MEDITAR Y HACER: Identifique, con sus propias palabras, esos tres términos que se usan en la teología clásica, aunque no se usan en la Biblia. El Salmo 140 es muy optimista, a pesar de que se basa en la condición del enemigo. Escriba su explicación.

PARA ESTUDIAR: En el Salmo 141 este joven salmista le pide a Dios que le ayude a resistir las seducciones del mal que son las tentaciones de los impíos.

Los versículos 1 y 2 son el clamor por el auxilio. En el versículo 2 se describe la liturgia del Templo refiriéndose a la ofrenda vespertina; es decir, al incienso y al sacrificio del cordero (Éxodo 29:41; Números 28:4-5). Recuérdese que ésta era «la ofrenda de la tarde»; es decir, al comenzar el día porque el día no se iniciaba a las doce de la noche, sino que su secuencia era tarde-noche-mañana.

La referencia al «don de mis manos» es porque durante el sacrificio el ofrendante estaba con las manos en alto, mirando hacia el Lugar Santísimo. De esta manera entregaba simbólicamente su sacrificio y es a esto a lo que se refiere cuando dice: «Suba mi oración delante de ti como el incienso».

Los versículos 3 al 7 describen la situación del salmista. Los versículos 3 y 4 describen la tentación: «no coma yo de sus deleites», donde la comida en común es expresión de la unidad de la comunidad, pero este joven no quiere asociarse ni comer con «los que hacen maldad».

Por el contrario, en los versículos 5 al 7 se rechaza su invitación, puesto que mejor es ser reprendido por el justo que ser consentido y halagado por el impío. Estos tres versículos son uno de los pasajes del Antiguo Testamento más difíciles de traducir puesto que de alguna manera se han corrompido y no son fáciles de entender.

Los versículos 8 y 10 son la plegaria del joven que trata de vencer toda la tentación y busca ser liberado por el amor de Dios. La expresión «no desampares mi alma» significa «no abandones mi vida» (véase 3/1).

El Salmo 142 es de una persona que se siente terriblemente sola, sin apoyo alguno, y tiene por objeto entregarse confiadamente en las manos de Dios. En el título hebreo se atribuye el salmo al momento en que David se refugió en la cueva de Adulam cuando Saúl lo perseguía (1 Samuel 22:1-5).

Los versículos 1 al 3a son una invocación a Dios pidiéndole que oiga su llamada. El salmista clama a Jehová y le pide su misericordia porque él sabe que Dios lo conocía bien, aun «cuando mi espíritu se angustiaba dentro de mí» (3b). La palabra «espíritu» (en hebreo *ruah*) no significaba entonces lo que hoy significa. En Génesis 2:7 se describe que Dios creó al hombre cuando «sopló en su nariz aliento de vida». Este «aliento de vida» es en hebreo *néfesh*, pero *néfesh* y *ruah* son prácticamente la misma cosa cuando se refieren al aliento vital del ser humano.

En el pensamiento hebreo este *ruah* es el aliento de Dios y es esto lo que causa que el ser humano viva (Job 27:3; 33:4). Cuando la persona muere, YHWH recobra de nuevo su aliento de vida, su espíritu que dio vida al ser humano. (Como dice Eclesiastés 12:7: «antes que el polvo vuelva a la tierra, / como era, / y el espíritu vuelva a Dios que lo dio».)

En los versículos 3b y 4 se describe su condición personal. No tiene ni un amigo, no tiene nadie que pueda servirle de apoyo. Es por ello que en los versículos 5 al 7 ruega a Dios con toda intensidad. La «cárcel» del versículo 7 es un símbolo o imagen ilustrativa de su experiencia y él ruega al Señor que le permita librarse de sus prisiones y compartir la presencia de los justos «porque tú me serás propicio».

PARA MEDITAR Y HACER: En el estudio de hoy hay varios elementos que clarifican los dos salmos. Examine el texto y escriba en la libreta cada concepto que sea nuevo para usted. Defínalo, no copiando el material del libro, sino tratando de entender lo que dice y escribiéndolo en sus propias palabras. Si tiene alguna duda dentro de tres días, cuando se reúna el grupo de estudio, presente sus conceptos y definiciones a los demás para encontrar la clarificación del término.

Quinto día   *Lea* Salmo 143

PARA ESTUDIAR: El Salmo 143 es un lamento individual compuesto por frases tomadas de otros salmos. Esto resulta en una hermosa plegaria con profundos sentimientos religiosos. Debido a la conciencia de culpa (versículos 2, 8 y 10) y a la petición de dirección y guía (versículos 1, 7, 8, 10 y 11), éste es uno de los siete salmos de arrepentimiento (6; 32; 38; 51; 102; 130; y 143).

Los versículos 1 y 2 son el clamor por la ayuda. La afirmación «no se justificará delante de ti ningún ser humano» (2) hace evidente que la remisión de la culpa no puede quedar más que en las manos de Dios. El ser humano no puede hacerlo porque su pecado destroza su condición.

La situación del salmista se describe en los versículos 3 al 6. No hay detalles prolijos con los cuales podamos estimar cuál era su situación específica. Sólo tenemos aspectos generales de que «el enemigo ha perseguido mi alma» (véase 3/1); «me ha hecho habitar en tinieblas / como los que han muerto» (3); es decir, en seol (véase 1/5). El hecho es que en medio de sus situaciones difíciles al recordar lo que Dios hizo por el pueblo de Israel, el autor continúa confiando en Dios (5).

En el versículo 6, cuando dice «Extendí mis manos hacia ti», se refiere al hecho de que la oración de los israelitas frecuentemente se hacía con las manos extendidas hacia el Templo. Los versículos 7 al 12 son la conmovida plegaria por liberación, no sólo de sus enemigos, sino también de la angustia y consternación.

PARA MEDITAR Y HACER: Escriba sus respuestas en la libreta para que puedan usarse cuando se reúna el grupo. Defina lo mejor posible lo que significa, según la Biblia, la justificación. ¿Por qué dice el salmista que tal cosa es imposible para todo ser humano (143:2)? ¿Está usted de acuerdo con eso? ¿Por qué?

Sexto día *Lea* Salmos 52 y 58

PARA ESTUDIAR: El Salmo 52 es difícil de catalogar en un género literario definido. Algunos eruditos piensan que se podría clasificar como un poema sapiencial de los que estudiaremos en la Decimotercera Semana, pero otros piensan que se semeja más a un lamento personal, aunque no tiene todos los elementos de este género literario. Esto es porque el salmo invoca un juicio inminente de Dios contra un tirano, y la oración para la liberación está hecha en forma de denuncias contra el enemigo. Su título hebreo alude a hechos en 1 Samuel 22:9-10.

Las dos primeras secciones del Salmo 52:1-7 están presentadas según la manera que los profetas de Israel daban su mensaje:

- la denuncia del pecado y

- el castigo por el pecado.

Los versículos 1 al 4 condenan la potencia de los poderosos, describen la naturaleza del pecado del tirano, incluyendo sus mentiras y sus calumnias para lograr sus malos propósitos, y repudian todo lo que tiene que ver con el poder y las riquezas. Los versículos 5 al 7 afirman que la retribución ha de asolar al enemigo y que Dios lo destruirá.

En contraste en los versículos 8 y 9, el salmista manifiesta su confianza en Dios y contrasta su prosperidad, paz y seguridad, consecuencia de su confianza en Dios, con lo que le tocará al enemigo. En el versículo 8 la planta de olivo es símbolo de seguridad y prosperidad.

El Salmo 58 es una violenta maldición sobre los jueces que no practican justicia con una petición para que Dios los haga desaparecer.

Los versículos 1 al 5 describen la naturaleza de estos jueces. La palabra «poderosos» (1) es una traducción insegura. Muchos eruditos arguyen que el significado es «¡Vosotros, dioses!» La razón es que por muchos siglos el idioma hebreo se escribió sólo con las consonantes. Las vocales no se introdujeron hasta el siglo IX d.C., y aquí tenemos dos palabras muy similares: «Poderosos» es *'elîm* y y «dioses» es *'elem*, y algunos piensan que fue una confusión. Otros creen que dice «dioses», pero que se refiere a los jueces debido a su arrogancia.

De estos jueces injustos dice el salmista: «se descarriaron hablando mentira desde que nacieron. / Veneno tienen, como veneno de serpiente» (3b-4a). Y continúa «la víbora sorda que cierra su oído» jueces injustos que se niegan a escuchar a los que piden justicia.

Frente a tal injusticia, los versículos 6 al 9 enuncian la maldición. La agonía mental es tan intensa que se pregunta sobre la justicia y el amor de Dios. La referencia al «caracol que se deshace» (8) es porque, al ver la baba del caracol, los antiguos creían que el animal iba desapareciendo.

Los versículos 10 y 11 afirman por fin que ser liberado del juez injusto es seguro porque «ciertamente hay Dios que juzga en la tierra» (11).

PARA MEDITAR Y HACER: ¿Por qué condena el primer salmo a los ricos y poderosos que explotan a los pobres? ¿Ha visto usted alguna vez una situación en que tal cosa ocurra? ¿Ha visto usted alguna vez una situación en que el pobre se vuelva rico? ¿Qué pasa entonces? ¿El nuevo rico ayuda a los que todavía son pobres, o en lugar de eso comienza a explotarlos? ¿Qué pasa con los poderosos? En la política, en la industria, en la sociedad, ¡hasta en la iglesia!

¿Ha visto usted también algún juez injusto? Vea la descripción de tal persona en el salmo. La justicia social tiene que arraigarse en la comunidad.

Séptimo día   *Lea* Salmo 77

PARA ESTUDIAR: El Salmo 77 es un lamento personal, pero no sólo sobre los problemas del autor, sino que éste tiene conciencia del pueblo de Israel y de su sufrimiento. Hay dos secciones en este salmo. La primera, los versículos 1 al 10, es una lamentación. La segunda, los versículos 11-20, se torna en un himno de alabanza.

En el lamento, los versículos 1 al 6 cuentan la situación miserable del salmista, pero ésta no tiene que ver con sus problemas personales, sino con su patria. El versículo 5, por ejemplo, plantea el contraste entre el pasado glorioso de Israel y su presente lleno de amargura. La agonía mental es tan tormentosa que, en los versículos 7 al 10, el autor se pregunta sobre la justicia y el amor divino.

Al comenzar el himno de alabanza (11-15), se recuerdan los hechos portentosos de Dios en el pasado y por su recuerdo, el salmista pasa de la súplica y queja a la verdadera paz interna y al consuelo. Es por esto que el resto del salmo (16-20) cambia todo su espíritu con fragmentos de un himno que celebra a Dios por su creación (16-19) y por la historia de Israel (20), con referencias al Mar Rojo (véase Yam Suf en 4/5) y al monte Sinaí.

PARA MEDITAR Y HACER: ¿Por qué este lamento personal incluye también a la nación? ¿Cómo nos afecta las condiciones de nuestra patria con respecto a nuestra disposición personal? ¿Es algo que no importa nada? ¿O es algo que importa muchísimo? ¿La relación con Dios depende únicamente del individuo o depende de la comunidad de la que somos parte?

SESIÓN PARA EL GRUPO DE ESTUDIO: Como que el tema de esta semana es idéntico al de la semana pasada, la actividad del grupo de estudio será muy similar, pero al mismo tiempo será muy diferente. Para comenzar, tenga una oración para que Dios ayude a los participantes a aprender y a compartir sus experiencias.

En cuanto a este estudio sobre los lamentos personales, otra vez organice la clase en grupos de tres personas, pero que no sean las mismas de la sesión pasada:

- A cada grupo le toca otra vez decidir las cuatro cosas que más les interesaron de los lamentos personales que estudiamos esta semana.

- Cada grupo debe reportar a la clase, explicando por qué seleccionaron estos cuatro temas (anótelos en papeles que estén en la pared bien visibles al grupo).

- Toda persona deberá seleccionar un tema que le sea lo más importante, con la salvedad de que ese tópico no haya sido introducido por su grupo. Entonces escribirá lo siguiente en su libreta:

  «Para mí el tema más importante del estudio de los lamentos esta semana fue. . .»

  Entonces, escriba un párrafo sobre este tópico.

- Lea cada uno lo que escribió y participen en una buena discusión sobre estos tópicos.

- Al terminar la discusión, escriba en su libreta un párrafo que comience así:

  «Para mí lo más interesante, y lo que más me ayuda en mi vida espiritual es [*diga el tema*] porque. . .

  Termine la sesión con una oración.

Novena Semana: Lamentos colectivos

Primer día   *Lea* Salmos 12 y 14=53

PARA ESTUDIAR: Hemos ya estudiado tres semanas de lamentos personales y hoy comenzamos el estudio de los lamentos colectivos. ¿Qué diferencia hay entre ellos? En el estudio de la primera semana vimos los lamentos personales que estaban asociados con algún tipo de enfermedad, y en las otras dos semanas cuando el salmista tenía conflictos con sus enemigos. En el grupo de hoy la situación es diferente, ya que no se trata de conflictos personales, sino de conflictos comunitarios, aun cuando se hable en primera persona singular. Anteriormente hemos estudiado otros de estos lamentos colectivos: el 123 en 3/2; el 125 y 126 en 3/3; y el 129 en 3/5.

El Salmo 12 es un lamento o súplica colectiva que busca una mejor vida y que condena la maldad de los que carecen de sinceridad. El problema de la angustia del salmista no consiste en la opresión extranjera, ni tampoco tiene que ver con contiendas dentro del país. Su problema es que toda la sociedad es injusta, violenta y corrupta.

Los versículos 1 al 4 son un llamado por la ayuda divina ya que los lamentos colectivos comienzan con el mismo «clamor por la ayuda» que vimos en los lamentos o súplicas personales.

En 12:1, el salmista implora a Dios su auxilio «porque se acabaron los piadosos . . . han desaparecido los fieles». En el versículo 2, el salmista dice «Habla mentira . . . adulan con los labios, pero con doblez de corazón»; es decir, las personas hablan con doble sentido (para corazón véase 4/4). Es imposible creer a la gente. Todo es engaño y subterfugio. La promesa en los versículos 3 y 4 es que esta gente será destruida por el poder de Dios.

El versículo 5 son las palabras del profeta cúltico (véase 2/5) que, hablando en el nombre de Dios, anuncia la promesa de liberación a los pobres y necesitados. Los versículos 6 al 8 son la respuesta del coro del Templo a la promesa de Dios. En contraste a las mentiras y engaños de los malvados, «las palabras de Jehová son palabras limpias» (6), como plata purificada en un crisol «siete veces». El número *siete* simboliza plenitud y perfección.

El Salmo 14 es casi idéntico al Salmo 53, con la excepción de que cuando aquí se dice «Jehová», en el otro se dice «Dios». Este salmo es una condena de los pecados que corrompen a la sociedad. Los versículos 1 al 3 presentan la condición bajo la cual vivía el salmista. Era ésta una situación difícil en la que muchos asumían que Dios no tenía nada que ver con sus asuntos, y esto es lo que expresa el Salmo 14:1 cuando dice: «Dice el necio en su corazón: / 'No hay Dios'». Aunque está en singular, «necio» significa un colectivo, como lo demuestran los verbos en plural que le siguen, y no significa sólo su comprensión intelectual, sino que incluye la falta de principios éticos y religiosos. En cuanto al decir: «No hay Dios», esto no significa ateísmo, la negación de la existencia de Dios, sino su ausencia de actividad entre los seres humanos. Cuando «Jehová mira desde los cielos . . . [ve que] no hay quien haga lo bueno, / no hay ni siquiera uno» (3).

Los versículos 4 al 6 son una maldición invocada sobre los malvados y el 7 denota la esperanza de mejores tiempos. Este salmo fue compuesto durante el período del exilio en Babilonia puesto que en este versículo se dice: «Cuando Jehová haga volver a los cautivos de su pueblo, / se gozará Jacob, se alegrará Israel» y los cautivos son los exiliados. La línea final del salmo es un caso de paralelismo puesto que Jacob e Israel son la misma cosa.

PARA MEDITAR Y HACER: ¿El leer estos lamentos colectivos le recuerda alguna situación? Tome el periódico del día de hoy y vea si hay algo que se parezca a lo que dice el salmo. ¿De qué manera pudiera ayudar a la Iglesia a transformar estas situaciones?

Segundo día   *Lea* Salmos 44 y 60

PARA ESTUDIAR: El Salmo 44 es una súplica comunal después de que el pueblo ha sufrido una derrota militar gravísima. En los versículos 1 al 8, se le recuerda a Dios las victorias que en otro tiempo le dio a Israel. Éstos eran patrimonio de la comunidad pues cada generación de israelitas debía contar a sus descendientes las «maravillas» hechas por Dios para su pueblo (1). Fue la grande y portentosa acción divina lo que les dio a los israelitas sus posesiones. Los versículos 4 al 8 afirman esta idea, y termina la estrofa diciendo:

«¡En Dios nos gloriaremos todo el tiempo
y por siempre alabaremos tu nombre!»

Pero de pronto Dios ha permitido que Israel sea derrotado y avergonzado. Los versículos 9 al 16 detallan la tragedia: «nos has desechado . . . y ya no sales con nuestros ejércitos» (9); «nos entregas como ovejas al matadero.» (11); «has vendido a tu pueblo de balde.» (12); «nos pones por escarnio y por burla de los que nos rodean.» (13); «todos al vernos menean la cabeza» (14); «mi vergüenza está delante de mí.»(15). Una y otra tragedia y todo ello porque Dios no ha seguido obrando como lo hizo antes.

En los lamentos que hemos visto en estas otras semanas diríamos que todo esto es debido al pecado de la nación. Pero en este salmo, como lo declaran los versículos 17 al 22, la derrota no fue el resultado del pecado, sino de la lealtad a Dios. Se declara que «no nos hemos olvidado de ti / ni hemos faltado a tu pacto» (17); «ni se han apartado de tus caminos nuestros pasos» (18).

En el versículo 19 el hebreo dice «lugar de los chacales», mientras que la LXX dice «lugares de miseria». En fin, se acusa a Dios de la crisis al decir: «Pero por causa de ti nos matan cada día; / somos contados como ovejas para el matadero» (22).

Por fin el clamor de ayuda viene en los versículos 23 al 26, pero es muy distinto a los de los otros lamentos: «¡Despierta! ¿Por qué duermes, Señor?» (23); «¿Por qué escondes tu rostro, / y te olvidas de nuestra aflicción y de la opresión nuestra?» (24).

Por fin hay una exclamación que sí se semeja a los otros lamentos: «¡redímenos por causa de tu misericordia!» (26), pero su clamor no es por la redención del pecado, sino a la redención de los terrores de la guerra.

El Salmo 60 es una oración para un culto penitencial en el Templo de Jerusalén donde el pueblo viene a pedir auxilio a Dios tras una abrumadora derrota.

Hay tres secciones en este salmo. En la primera (1-5) el salmista incluye su queja y su petición a Dios (1). Se cuenta la situación del pueblo que se siente abandonado por Dios. Y ha habido terremotos, los cuales eran violentos en la Palestina (2); el «vino de aturdimiento»(3), que se prepara con hierbas aromáticas y que resulta en borrachera, representa el castigo divino. Y habido también derrotas por los edomitas. En los versículos 4 y 5 se presenta la plegaria por liberación: «Has dado a los que te temen bandera / que alcen por causa de la verdad», pero esta bandera no era para el ataque, sino que era señal de emprender la retirada.

El resto del salmo (6-12) aparece también en el Salmo 108:7-13. En los versículos 6 al 8, habla Dios como un victorioso guerrero por medio de un profeta cúltico del Templo de Jerusalén y anuncia que Siquem, el antiguo centro de Israel, y las antiguas posesiones de los hebreos, incluidos el valle de Sucot y la región de Galaad, al este del Jordán, serán recuperadas y expandidas. El versículo 6 dice: «mediré el valle de Sucot». Ésta no es una medida de agrimensura o para medir la distancia o el espacio del valle. En realidad se refiere a medir a los hombres del valle de Sucot como lo hizo David con los hombres de Moab: «los midió con una cuerda, haciéndolos tenderse en tierra; los que quedaban a lo largo de dos cuerdas los condonó a morir, y a una cuerda llena la dejó con vida» (2 Samuel 8:2). De esta manera se mataban dos de cada tres soldados del ejército enemigo. Otras regiones que Dios promete que se añadirán a Israel son Moab, al este del Mar Muerto; Edom, al sur de Judá; y Filistea, en la costa del Mediterráneo (8).

La sección final (9-12) es la oración por la victoria. Allí se implora por llegar a «Edom», que había derrotado a Israel, y llegar hasta «la ciudad fortificada», posiblemente la capital de los edomitas.

PARA MEDITAR Y HACER: ¿En qué se diferencia el Salmo 44 de los otros lamentos penitenciales? Si el pueblo de Israel no se ha apartado de los caminos de Dios, ¿por qué sufre tan intensamente? ¿Está dormido Dios como dicen ellos? El Salmo 60 tiene que ver con una derrota militar y el dolor del salmista es por qué permite Dios esto. ¿Qué piensa usted?

Tercer día   *Lea* Salmos 74 y 79

PARA ESTUDIAR: El Salmo 74 es un lamento colectivo que se usó en las ruinas del Templo de Jerusalén. Fue compuesto poco después de que las tropas de Nabucodonosor arrasaron el santuario en el año 587 a.C. Según el título hebreo, éste es uno de los Salmos de Asaf (véase en la «Introducción», la sección sobre «Títulos de los salmos»).

En los versículos 1 al 3 hay un resumen de la angustia que ha experimentado el pueblo del pacto. Es evidente que ellos no pueden entender por qué les ha ocurrido esta desventura. Estas dos preguntas demuestran la pena y la angustia: «¿Por qué, Dios, nos has desechado para siempre? / ¿Por qué se ha encendido tu furor / contra las ovejas de tu prado?» ¿Qué es lo que ha pasado?

En el año 597 a.c. Nabucodonosor, rey de Babilonia, tomó a Jerusalén y se llevó cautivos al rey de Judá, a su madre, y a un grupo de prominentes ciudadanos y líderes de la nación. Diez años más tarde, cuando ocurrió una rebelión en Jerusalén, Nabucodonosor la atacó de nuevo y fue entonces que destruyó por completo la ciudad, arrasó el Templo de Jerusalén, y se llevó a un gran número del pueblo en la gran deportación a Babilonia. Entre el año 597 y el 587, muchas personas que estaban en Jerusalén tenían grandes esperanzas de que muy pronto el rey de Judá regresaría del exilio y restauraría la gloria a Jerusalén. Pero una vez que tuvo lugar la destrucción del Templo, la desolación asoló a todo el pueblo. Es entonces que surge el Salmo 74:3: «Dirige tus pasos a las ruinas eternas, / a todo el mal que el enemigo ha hecho en el santuario», implora el pueblo a Dios.

Los versículos 4 al 11 describen cómo el enemigo ha destruido y quemado el Templo (para los detalles del decorado y los ornamentos del Templo de Jerusalén véase 1 Reyes 6:14-36). El pueblo habla a Dios y le dice «tus enemigos» (4), porque los enemigos del pueblo eran también los enemigos de Dios. Se había hecho un pacto entre Jehová e Israel, un pacto eterno, y durante cuatro siglos el Lugar Santísimo había sido donde Dios había morado en presencia de su pueblo. Pero ahora estos enemigos «vociferaban en medio de tus asambleas, / han puesto sus estandartes por señal» (4).

En ese lugar sagrado los babilonios habían irrumpido y vejado todo lo que para Israel era santo. «. . . con «hachas y martillos / han quebrado todas tus entalladuras» (6), todo el oro que decoraba el Templo fue arrancado; «han puesto fuego a tu santuario» (7a), pues los paneles de cedro, el piso de ciprés y las puertas de olivo fueron quemados; y «han profanado el tabernáculo de tu nombre, echándolo a tierra» (7b), de modo que no quedó piedra sobre piedra. Lo que Salomón construyó en siete años, en un momento fue destruido por las fuerzas de Nabucodonosor.

Algunos eruditos piensan que las referencias a la destrucción del Templo no tiene relación con la destrucción por los babilonios en el año 587 a.c., pues aducen que en el versículo 9 el salmo dice que en esa época no había profetas y ése es el período de Jeremías y Ezequiel, dos de los más grandes profetas del Antiguo Testamento. Pero veamos el caso:

En primer lugar, puede que se refiera a los «profetas cúlticos», los voceros de Dios en la liturgia que fueron eliminados al destruirse el Templo. En segundo lugar, aunque para nosotros Jeremías y Ezequiel eran grandes profetas, en su tiempo muchos pensaban que no lo eran, y cuando Nabucodonosor regresó por tercera vez a Jerusalén (en el año 582 a.c.), Jeremías y muchos otros que habían quedado en Jerusalén, se fueron huyendo a Egipto. Ezequiel, por su parte, fue llevado a Babilonia en la primera deportación (597 a.c.). Los que cantaban entre las ruinas del Templo este salmo decían: «no hay más profeta, / ni entre nosotros hay quien sepa hasta cuándo» (9); es decir, «entre nosotros no hay quien pueda hablarnos en nombre de Dios y decirnos por qué pasó esto».

Los versículos 12 al 17 son un interludio en forma de himno que honra a Dios como Creador. En el versículo 12 dice «Dios es mi rey», lo que constituye una profesión de fe en Jehová. Los versículos 13 al 15 se refieren a la tradición de que Dios mató al monstruo del caos Leviatán, el dragón de las aguas, y que de sus despojos creó el mundo.

Los versículos 18 al 23 son la oración a Dios por la liberación: «Un pueblo insensato [los babilonios] ha blasfemado contra tu nombre» (18). «¡Levántate, Dios! ¡Aboga tu causa! / ¡Acuérdate de cómo el insensato te insulta cada día!» (22). Para los que cantaban este salmo en las ruinas del Templo la restauración del Templo por Dios iría junto a la restauración de los derechos del pueblo.

El Salmo 79 es un lamento colectivo que presenta una situación muy similar a la del Salmo 74. Los versículos 1 al 4 describen la situación del pueblo que ha sido derrotado y perseguido. El Templo ha sido devastado, la ciudad de Jerusalén y sus murallas han sido destruidas, y mataron a una buena parte de su población. Los versículos 2 y 3 describen cómo han quedado cadáveres insepultos, para ser devorados por las bestias, una de las cosas más terribles en el pensamiento del Antiguo Testamento.

El versículo 4 puede que se refiera a los edomitas, los cuales sirvieron a los babilonios en el ataque y destrucción de Jerusalén. Los versículos 5 al 12 son una oración por la liberación y la venganza contra sus enemigos; y el 5 tiene esa pregunta que tantas veces se hace en las lamentaciones: «¿Hasta cuándo?» En el versículo 8 tenemos un tema sumamente interesante. La llamada doctrina de retribución se modificó por este tiempo. Antes se decía que Dios «castiga la maldad de los padres sobre los hijos, hasta la tercera y cuarta generación» (Éxodo 20:5), la idea expresada en este salmo.

Pero ya por el tiempo que se produjo este salmo, los profetas Jeremías y Ezequiel afirmaron que cada uno es responsable por sus acciones y no se le puede asignar la culpa a sus antepasados. En el versículo 11, «los presos» son los israelitas deportados a Babilonia, y en el 12 «siete tantos» implica un castigo justo y ejemplar. El versículo 13 es el voto o promesa que cierra el salmo.

PARA MEDITAR Y HACER: ¿Por qué fue tan terrible para la gente de Judá la destrucción del Templo de Jerusalén? ¿Qué creían los judíos respecto a ese templo? ¿Por qué creían que nunca más podrían adorar a su Dios?

Cuarto día   *Lea* Salmos 80 y 83

PARA ESTUDIAR: El Salmo 80 parece haberse originado cuando Samaria (capital del reino del norte, Israel) fue destruida por los asirios en el año 721 a.C. (véase 2 Reyes 17:1-23).

Los versículos 1 y 2 son el clamor por ayuda. Se llama a Dios recordándole que él es «Pastor de Israel» y se le dice «que pastoreas como a ovejas a José». ¿Por qué se dice así? En el versículo 2 tenemos las tribus de Efraín, Benjamín y Manasés. En las tradiciones de Génesis, Efraín y Manasés son los hijos de José, mientras que Benjamín es su hermano menor y ambos son hijos de Jacob y Raquel. Estas tribus, Efraín y Manasés, son las más importantes del reino del norte, Israel, y aunque parte de la tribu de Benjamín se unió al reino del sur, Judá, algunas de sus ciudades permanecieron en Israel. (Con referencia a los «querubines», véase 1/5.)

El versículo 3 es un estribillo que se repite en el 7 y 19. Los versículos 4 al 6 describen la condición del pueblo, al final de la cual se repite el estribillo. Los versículos 8 al 13 demuestran que Israel estuvo en un tiempo bien atendido por Dios, pero que ahora ha sido abandonado. Esto se ilustra con «la vid», símbolo de Israel, que en un tiempo fue bien atendida (como en el éxodo y la conquista y los primeros años de la monarquía) de modo que «llenó la tierra» (9) y «extendió sus vástagos hasta el mar [Mediterráneo] / y hasta el río [Éufrates] sus renuevos» (11). Pero ahora Dios ha roto las «cercas» (12) que protegen las viñas, y ahora «La destroza el puerco montés / y la bestia del campo la devora» (13).

Por fin, en los versículos 14 al 18 viene la plegaria por la liberación de Israel: «...visita esta viña» (14); «¡Quemada a fuego está, asolada!» (16); y concluye en el versículo 19 con el estribillo.

El Salmo 83 es una plegaria ante las amenazas de los enemigos de Israel. El versículo 1 presenta el clamor de ayuda de manera breve y suscinta. En los versículos 6 al 8, Israel afirma que ha sido atacado por un poderoso grupo de enemigos. El problema es que no queda ninguna constancia de que todos estos grupos atacaron a Israel al mismo tiempo. De hecho, esta plétora de atacantes—los edomitas quienes ayudaron a los babilonios a destruir a Jerusalén; los ismaelitas y agarenos, tribus nómadas del norte de Arabia; los moabitas y amonitas, descendientes de Lot que habitaban al este del Jordán; los gebalitas, al sur del Mar Muerto; los amalecitas, tribu nómada al sur del desierto del Neguev; los filisteos, indo-europeos venidos del Mar Egeo; los tironios de Tiro, una ciudad fenicia en el Mediterráneo al norte de la Palestina; y los asirios, el gran imperio de Mesopotamia—, todos éstos florecieron en distintos períodos.

En el Antiguo Testamento nunca aparece este tipo de coalición, así que probablemente esto describe en general la larga historia de Israel, que con frecuencia era atacado por sus vecinos.

En los versículos 9 al 18, que concluyen el salmo, está la oración por la victoria, y allí tenemos ejemplos de cómo Israel venció a sus enemigos durante el período de los jueces con las victorias sobre Madián (Jueces 6–8), Sísara y Jabín (Jueces 4–5), Oreb y Zeeb (Jueces 7:25), y Zeba y Zalmuna (Jueces 8:21). Los versículos finales invitan a Jehová a destruir los enemigos de Israel para que sepan que «¡tú solo [eres] el Altísimo sobre toda la tierra!» (18).

PARA MEDITAR Y HACER: ¿Qué creían los israelitas respecto a otras naciones y pueblos? ¿Qué cree mucha gente hoy respecto a otras naciones y pueblos? ¿Qué piensa usted respecto a otras naciones y pueblos? No conteste demasiado rápido. Piense muy bien en estas preguntas, sea honesto y escriba sus respuestas en su libreta.

Quinto día *Lea* Salmo 85

PARA ESTUDIAR: El Salmo 85 es una plegaria nacional que incluye tres partes, en concierto con la teología básica del Antiguo Testamento. En el pensar de este tiempo, se creía que todo el sufrimiento del pueblo era causado porque Dios estaba enojado con ellos, y la causa siempre era algún pecado que había cometido Israel.

En la primera sección (1-3) se describen los favores que Dios ha dado a su pueblo cuando los cautivos de Babilonia regresaron a Judá. Y esto fue, según el salmo, porque: «Perdonaste la maldad de tu pueblo; / todos los pecados de ellos cubriste. / Reprimiste todo tu enojo; / te apartaste del ardor de tu ira» (2-3). En otras palabras, la causa del exilio fue porque Dios se airó con su pueblo, y su regreso del destierro fue porque se apiadó de ellos y reprimió su enojo.

En la segunda sección (4-7) se ruega a Dios que estos favores sean renovados. Evidentemente el salmista juzga que Israel ha pecado de nuevo y pide que otra vez Dios les perdone: «¡Muéstranos, Jehová, tu misericordia / y danos tu salvación!» (7).

En la tercera y última sección (8-13) un profeta cúltico escucha a Dios, y ofrece un oráculo de salvación que anuncia prosperidad y paz al pueblo al personificarse los atributos divinos: *misericordia, verdad, justicia y paz.* La justicia va como mensajero delante de Dios anunciando su llegada. Hay un nuevo día, una nueva esperanza.

PARA MEDITAR Y HACER: ¿Qué piensa usted sobre el pensamiento que sirve de base a los lamentos colectivos? ¿Está usted de acuerdo con ese pensamiento? ¿Por qué? ¿Está usted en desacuerdo con ese pensamiento? ¿Por qué? ¿De qué manera piensa usted que los lamentos colectivos pueden guiarnos en nuestra fe cristiana?

Sexto día *Lea* Salmos 90 y 94

PARA ESTUDIAR: El Salmo 90, el primero del Cuarto libro de Salmos, tiene dos partes: una meditación didáctica o sapiencial (1-12) que contrasta a Dios con el ser humano, y un lamento colectivo (13-17). Su título hebreo lo atribuye a Moisés.

Los versículos 1 al 6 son una introducción, a manera de himno, que enfatiza la eternidad de Dios y lo efímero de la vida humana. Dios se asocia con los montes, la tierra y el mundo, cosas permanentes, y dice el salmista: «desde el siglo y hasta el siglo, tú eres Dios» (2). El ser humano, por el contrario, es polvo (3). Para Dios mil años no son nada, apenas «como el día de ayer, que pasó, / y como una de las vigilias de la noche» (4); es decir, como la tercera parte de una noche. En cambio, el ser humano es «como torrente de aguas» que pasa velozmente o «como un sueño» que cuando uno se despierta no es nada, o «como la hierba» que crece y se seca en un día (5-6).

Los versículos 7 al 10 describen lo breve que es la vida humana, y como está llena de penas, trabajos y miserias. Los versículos 11 y 12 de esta sección sapiencial son una plegaria para que el pueblo sea consciente de la ira de Dios y del temor que le es debido, y sobre todo para que aprenda a vivir una vida justa y recta que traiga «al corazón sabiduría» (12).

La última sección (13-17) da de nuevo ese gemido que hemos visto tantas veces en los lamentos: «¿Hasta cuándo? / ¡Ten compasión de tus siervos!» (13) e implora que el pueblo reciba de Dios una alegría tan extensa como todos sus años de sufrimiento.

El Salmo 94 es una plegaria por liberarse de la gente malvada apelando al Dios vengador y al triunfo de la justicia. Para el autor, la venganza divina es la manera de rescatar la justicia de Dios y los derechos de los pobres. El salmo se inicia con un llamado para que Dios ayude a las víctimas de la violencia y de la injusticia (1-2). En el versículo 1 dos veces se le invoca como «Dios de las venganzas». Aquí «venganza» significa retribución justa. En el versículo 2 se condena a «los soberbios» que son los enemigos de Dios y de su pueblo.

La primera estrofa (3-7) describe las condiciones de la sociedad con esa pregunta tan presente en los lamentos: «¿Hasta cuándo?» (3-4), refiriéndose a la obra de los impíos y de los malvados. La gente más pobre y con menos recursos sufre porque: «A la viuda y al extranjero matan / y a los huérfanos quitan la vida» (6).

A estos tres grupos se les había protegido mediante la ley (Éxodo 22:21-22; Deuteronomio 10:18), pero la opresión por los jueces y la gente pudiente destruye a esta gente a quienes Dios protege. Pero, a pesar de ello, dicen los malvados «no verá Jah» (véase 2/3), «no lo sabrá el Dios de Jacob» (7).

La segunda estrofa (8-11) tiene aspectos sapienciales. De hecho, los «necios del pueblo» (8) son los que rehusan aprender de la sabiduría, y la serie de declaraciones seguidas de una pregunta que vemos en esta estrofa son típicas del método sapiencial o de la sabiduría. La respuesta a todas estas preguntas es que, en contraste con lo que dijeron los malvados en el versículo 7, Dios lo sabe todo.

La tercera estrofa (12-15) muestra en contraste la persona a quien Dios corrige (12), «en tanto que el impío se cava el hoyo» (13), y termina con un severo reproche a quienes ponen en duda el triunfo de la justicia (14-15).

La cuarta estrofa (16-23) culmina en una expresión de confianza. Primeramente viene una oración por liberación de los malvados en forma de dos preguntas (16) y termina con una afirmación de la victoria final de la justicia de Dios, a pesar de que los que incurrían en la injusticia ocupaban altas posiciones en el gobierno.

El «silencio» del versículo 17 es el *seol* (véase 1/5), y el versículo 20 hace referencia a las falsas interpretaciones de la ley.

PARA MEDITAR Y HACER: ¿Qué cree usted que pasaría si nuestra comunidad de fe sufriese como sufrió el pueblo judío en aquella época? ¿Perderíamos la fe? Para los judíos fue un trauma, pero los que vencieron aquella situación pasaron por una transformación que al fin y al cabo culminó en Cristo. Piense en crisis de grandes dimensiones por las que usted ha pasado. ¿Destruyó su fe o la avanzó?

Séptimo día   *Lea* Salmo 137

PARA ESTUDIAR: El Salmo 137, por su belleza literaria, es una de las mejores expresiones de la poesía hebrea. Sin embargo, por su expresión de violencia, algunos aducen que no debiera estar en la Biblia. Tres estrofas forman este salmo:

La primera estrofa (1-3) expresa la tristeza, humillación y nostalgia de los arrancados de la patria por las deportaciones de Nabucodonosor, rey de Babilonia. Allá estaban los judíos «junto a los ríos de Babilonia»(1); es decir, junto a los canales del Tigris y del Eufrates, sintiendo nostalgia por su propia tierra. La palabra «judíos» se originó durante el exilio, y era la designación en el idioma acadio, la lengua de Babilonia, de los habitantes de Judá. Los que les habían llevado cautivos a esa tierra extraña querían que les cantasen sus salmos, pero para los judíos el entonar estos cantos sagrados fuera de Sión era afrenta y humillación.

La segunda estrofa (4-7) declara que los salmos se podían cantar sólo en la tierra de Jehová, y no «en tierra de [dioses] extraños» (4). El resto de la estrofa es un lamento respecto a la ciudad santa, Jerusalén, preservando su recuerdo.

La tercera estrofa (7-9) es un reclamo por la venganza. Se recuerda tristemente «el día de Jerusalén», cuando en el año 587 a.C. se destruyó la ciudad sagrada. Especialmente se recuerda a «los hijos de Edom», o los edomitas, que fueron vasallos y enemigos de Israel y sirvieron a Babilonia en la conquista de Jerusalén. Finalmente termina el salmo con uno de los pasajes más chocantes del Antiguo Testamento: «¡Dichoso el que tome tus niños / y los estrelle contra la peña!» (9)

PARA MEDITAR Y HACER: Por lo que dice el versículo 8, ¿cree usted que el Salmo 137 debiera estar o no estar en la Biblia? ¿Por qué? ¿Refleja ese salmo la fe cristiana o refleja la intensidad de las pasiones humanas? ¿Hay hoy crímenes de genocidio? ¿Qué nos enseña este salmo?

SESIÓN PARA EL GRUPO DE ESTUDIO: Comience con una oración pidiendo a Dios que ayude al grupo a aprender y a compartir sus experiencias. En cuanto a este estudio sobre los lamentos colectivos, pídales lo siguiente:

- Traten de pensar de la misma manera que pensaban los salmistas que estudiaron esta semana. Si alguien del grupo nació en otro país que éste, pídale que escriba los problemas sociales, políticos y económicos que hay en la sociedad del país en que nació. Y si alguno nació en este país, pídale que piense en uno de sus antepasados nacido en otra tierra y escriba los problemas sociales, políticos y económicos que hay en la sociedad en que su antepasado nació.

- Pídales que hagan lo mismo con este país y que escriban los problemas sociales, políticos y económicos que hay en esta sociedad.

- Invíteles a considerar cómo su denominación pudiera tratar de ayudar a quienes necesitan el socorro de Dios. Enumeren las cosas que ya está haciendo su iglesia y traten de pensar qué otra cosa podría hacerse.

- Invite al grupo a considerar y discutir entre sí cómo se podría implementar esas ideas en la iglesia local. Usted puede anotar las sugerencias y referirlos a las autoridades de su congregación.

Termine la sesión con una oración.

Décima Semana
Acciones de gracias

Primer día   *Lea* Salmos 30 y 32

PARA ESTUDIAR: Hemos terminado los salmos de súplica o lamentos, y vimos varias veces que el autor expresa su gratitud a Dios porque su petición halló respuesta positiva. Es de ahí de donde se derivan los salmos de acción de gracias. Estudiamos ya varios de estos salmos: el 18 y 21 en 1/5; y el 124 en 3/2.

El Salmo 30 es uno de ellos, motivado por la restauración de la salud ante una enfermedad mortal, y posiblemente compuesto y cantado en cumplimiento de la promesa hecha. En el título hebreo dice «Canto para la dedicación de la Casa»; es decir, el Templo. Esto es una referencia a la Fiesta de Dedicación, (en hebreo *Hanukkah*) que se celebra durante ocho días en el mes de diciembre. La festividad, una de las más alegres del judaísmo, celebra la restauración y dedicación del Templo de Jerusalén por Judas Macabeo, en el año 164 a.C., exactamente tres años después de que Antíoco IV Epífanes lo profanó.

Sin embargo, como todos los títulos hebreos, no debemos basar en ellos las atribuciones históricas, pues en muchos casos éstos fueron conjeturas y suposiciones que carecen de veracidad.

Los versículos 1 al 3 son una alabanza a Dios por la recuperación de la salud al borde de la muerte, expresada en el salmo por el «seol» (véase 1/5). El autor invita a la congregación a participar en la acción de gracias (4-5). En el período de los macabeos, la palabra «santos» (en hebreo, *hasîdîm*, pronunciada «jasidim») fue un partido religioso-político del que se derivaron los fariseos, pero por esta época significaba «justos» o «pobres» (4). Un aspecto esencial de la teología de aquel tiempo era: «por un momento será su ira, / pero su favor dura toda la vida» (5).

Según este pensar, Dios castigaba a los pecadores, pero una vez que éstos se arrepentían, su misericordia restauraba la relación íntima entre la persona y Dios. Es esto lo que se describe en los versículos 6 al 12. Antes de su enfermedad, el salmista se sentía seguro (6-7a), pero cuando llegó la enfermedad, él se dio cuenta de que había pecado (7b). Por ello, el salmista buscó a Dios en oración diciéndole que, de estar muerto, no podría alabarle (8-10). Dios le perdonó y restauró su salud (11-12). La «ropa áspera» es ropa fúnebre, pero Dios le vistió de alegría (11). De ahora en adelante «Jehová Dios mío, ¡te alabaré para siempre!» (12).

El Salmo 32 es la acción de gracias de un pecador que confesó sus pecados y obtuvo perdón por lo que se le restauró la salud. Éste es uno de los siete Salmos de arrepentimiento (6; 32; 38; 51; 102; 130; 143).

El Salmo 32 comienza con la alabanza a Dios por la recuperación del salmista, pues el retorno a la salud significaba que el pecado había sido perdonado (1-2). Los versículos 3 al 5 describen su experiencia en medio de su enfermedad. Sus «huesos» (3) no significan sólo su esqueleto, sino que significa todo su cuerpo. El salmista está lleno de dolores y sufrimiento porque la mano de Dios «volvió mi verdor en sequedades de verano» (4). No fue sino hasta que reconoció su pecado que se le restauró la salud (5).

Al final, en los versículos 6 al 11, el autor exhorta a la congregación a que tenga fe en Dios y que no sea «como el caballo, o como el mulo, sin entendimiento», sino que obedezca siempre a Dios.

PARA MEDITAR Y HACER: ¿Por qué piensa usted que hay muchos más lamentos que acciones de gracias? ¿Es que hay «malagradecidos» en la vida espiritual? ¿Se olvida la gente de darle gracias a Dios? Examine su propia conducta; ¿le da usted gracias a Dios por todo lo que le ofrece? Piense en tres cosas por las cuales todavía no le ha dado gracias a Dios. Ore ahora mismo; pídale perdón por no haberse acordado de hacerlo y déle gracias a Dios.

Segundo día   *Lea* Salmos 65 y 67

PARA ESTUDIAR: El Salmo 65 consta de dos partes: La primera (1-8) es un himno de alabanza a Dios por su perdón de los pecados y por todo lo que hace en la creación, y la segunda (9-13) es una acción de gracias por la buena cosecha.

Hay además una diferencia métrica entre las dos secciones: la primera tiene 3·2 acentos, el metro de *qinâh*, mientras que la segunda se compone de distinta manera, con 3·3 acentos. (Para la métrica hebrea, véase la sección «La poesía hebrea» en la «Introducción».)

La primera sección incluye los versículos 1 al 8. Al iniciar el salmo, el autor declara que en Sión han de cumplirse los votos que se le han hecho a Jehová (1). Ésa, precisamente, es la intención de este salmo. Es allí, al Templo de Jerusalén, que «vendrá toda carne» (2). Por lo general en el Antiguo Testamento, este uso de «carne» significa todos los seres vivos, tanto animales como humanos, pero en este caso «toda carne» significa toda la humanidad, según veremos más adelante.

En el versículo 3 se dice:

> «Las iniquidades prevalecen contra mí,
> pero tú perdonas nuestras rebeliones».

Como hemos visto en las lamentaciones, en este tiempo se creía que las angustias eran consecuencia del pecado. El autor tiene conciencia de que sus problemas lo abruman, que él no es capaz de sobreponérselos, pero él sabe que Dios perdona los pecados de todos los que se arrepienten, y ahí está la solución a sus angustias.

En el versículo 4, cuando el salmista habla de quien Dios invita «para que habite en tus atrios», no se trata sólo de los sacerdotes y levitas que estaban a cargo del culto en el Templo, sino también a todos los demás a quienes Dios escoja. Una de las cosas más extraordinarias en este salmo es cómo expande la función salvífica de Dios a todas las naciones, no sólo a Israel.

Nótese que el salmista dice en el versículo 5:

> «Dios de nuestra salvación,
> esperanza de todos los términos de la tierra
> y de los más remotos confines del mar».

De ahí en adelante comienza a hablar del poder de Dios sobre toda la creación (6-8). En el versículo 8 se mencionan «las salidas» (en hebreo, «las puertas»), pues se pensaba que el sol salía por una puerta por la mañana y entraba por la otra al caer la tarde.

Del versículo 9 en adelante se refiere a la buena cosecha que han recibido, por la que viene el pueblo a ofrecer su voto a Dios. En este versículo se menciona «el río de Dios», un caudal de agua que estaba sobre la bóveda celeste y que produce la lluvia (véase 5/1).

El Salmo 67 es uno de acción de gracias con sentido universal como lo vemos en el estribillo:

«¡Alábente, Dios, los pueblos,
todos los pueblos te alaben!» (3 y 5).

Ese tema aparece repetidas veces en el Salmo 67. Por ejemplo, en los versículos 1 y 2, en la oración para que Dios les continúe bendiciendo dice:

«para que sea conocido en la tierra tu camino,
en todas las naciones tu salvación» (2).

En el versículo 4, intercalado entre los dos estribillos, se asume que las otras naciones sabrán que el Dios de Israel es Dios de todos.
Finalmente, en los versículos 6 y 7, en cierta manera se repite la bendición que se dio al principio del salmo.

PARA MEDITAR Y HACER: Algunos israelitas pensaban que la acción salvadora de Dios era sólo para ellos. Otros tenían una idea universalista. ¿Qué piensa usted de esto? ¿El proceso de salvación es para unos pocos o es para inmensas multitudes? ¿El amor de Dios es universal o particular? Escriba en su libreta un párrafo sobre este tema.

Tercer día   *Lea* Salmos 75 y 92

PARA ESTUDIAR: El Salmo 75 es uno de acción de gracias por los hechos de Dios como juez universal. El salmo comienza mostrando la gratitud de Israel porque «cercano está tu nombre» (1). En la antigüedad los nombres no eran como lo son ahora, apenas una denotación de un individuo. En aquella época los nombres eran parte de la esencia misma de la persona. Por esto el «nombre de Dios» era una cosa tan importante y con tanto significado, pues el tener cercano el nombre de YHWH era tener a la mano todo el poder de Dios (véase 2/3).
Para el sentir del autor de este salmo, como muchos otros, había

dos categorías básicas en la humanidad: los impíos y los justos. Los versículos 2 al 5 son el oráculo de un profeta cúltico que anuncia juicio sobre los impíos. Mediante el profeta, Dios dice «juzgaré». La palabra «juzgar» es más que emitir un fallo; es hacer que triunfe la justicia. Así «juzgar» es sinónimo de «gobernar», pues el gobernante trata de asegurar que la justicia se cumpla. Este significado tiene sus raíces en los antiguos «jueces» de Israel, del período antes de la monarquía, cuyas historias se narran en el libro de Jueces.

En el versículo 3 el autor dice «yo sostengo sus columnas»; es decir, los pilares de la tierra (véase 2/4).

En los versículos 6 al 8, hay un aviso de que Dios controla los destinos de todas las personas y de todas las naciones. La «copa» (8) es la ira de Dios y el juicio sobre los malvados. Por ello, el juicio divino hará que triunfe la justicia. Un individuo, quizás el rey, concluye con un acto de fe y alabanza (9-10).

El Salmo 92 es una acción de gracias con tendencia didáctica o sapiencial. Su título hebreo lo identifica como «cántico para el sábado». Comienza con una introducción himnódica (1-3) y expresa su deseo de dar gracias por la ayuda divina (4). El «decacordio» (3) era un arpa con diez cuerdas.

Los versículos 5 al 9 celebran el misterio y el poder de Dios, y demuestran que aunque «florecen todos los que hacen maldad, / es para ser destruidos eternamente» (7).

En los versículos 10 y 11, el salmista celebra su vindicación sabiendo que «tú [Dios] aumentarás mis fuerzas como las del toro salvaje; / seré ungido con aceite fresco» (10). El ser ungido con aceite fresco es símbolo de regocijo y alegría.

Finalmente, en los versículos 12 al 15, se describen las recompensas del justo. La «palmera» y el «cedro en el Líbano» (12) son símbolos e ilustraciones de una larga vida. Los «atrios» (13) se refieren al Templo de en Jerusalén. En fin, Dios colma de bendiciones a sus fieles.

PARA MEDITAR Y HACER: Para el salmista había dos formas de humanidad. Éstas no eran los judíos y los gentiles, ni los griegos y los bárbaros, sino los impíos y los justos. Para él no había discriminación racial o cultural. La única diferencia era los que servían al Señor y los que no le hacían caso. ¿Qué piensa usted de esta actitud? Servir al Señor no era tener cierta religión, sino que era obrar con justicia. ¿Qué nos enseña esto? Escriba sus opiniones sobre este tema y hable de ellas cuando se reúna el grupo de estudio.

PARA ESTUDIAR: El Salmo 100 es un himno de acción de gracias que se cantaba cuando se entraba en el Templo.

En la estructura del salmo hay dos estrofas similares y con la misma forma. La primera va del versículo 1 al 3, y la segunda va del 4 al 5.

La primera estrofa invita a los «habitantes de toda la tierra» (1) a servir «a Jehová con alegría» (2). Éste es un llamado universal que ya hemos visto en otros salmos en los que se invita a toda la humanidad a adorar a Dios. Otra expresión que encontramos en otros salmos, «pueblo suyo somos y ovejas de su prado»(3), ahora se aplica no sólo a Israel, sino a toda la humanidad.

La segunda estrofa describe el acceso al Templo. No solamente los israelitas, sino que todo el mundo entra en el Templo con el gozo de la acción de gracias:

> «porque Jehová es bueno;
> para siempre es su misericordia,
> y su fidelidad por todas las generaciones» (5).

El Salmo 107, el primero del Libro Quinto de Salmos, es uno de acción de gracias. Su tema es la ayuda de Dios a los peregrinos en medio de las dificultades de su viaje a Jerusalén. Posiblemente se cantaba en los festivales (véase 2/1).

Este salmo está muy bien estructurado. Comienza con una breve invitación a todos a dar gracias a Jehová «porque para siempre es su misericordia» (1), y porque Dios «los ha congregado de las tierras, / del oriente y del occidente, / del norte y del sur» (3).

Acá han venido, al Templo de Jerusalén, a pesar de todas las dificultades con las que se han tropezado; por fin están allí, presentes para adorar a Dios.

Continúa el salmo con cuatro estrofas, y en cada una de ellas hay dos expresiones muy similares. Las estrofas contienen los versículos 4 al 9, 10 al 16, 17 al 22 y 23 al 32. En cada una de ellas, cerca de la mitad de la estrofa, dice: «Entonces clamaron a Jehová en su angustia / y los libró de sus aflicciones» (6).Véase además los versículos 13, 19 y 28.

Lo mismo ocurre un versículo antes de que se termine cada estrofa cuando dice:

«¡Alaben la misericordia de Jehová
y sus maravillas para con los hijos de
los hombres!» (8).

Véase además los versículos 15, 21 y 31.

Dentro de estas estructuras las estrofas hablan de la gratitud de los que tuvieron que viajar por el desierto (4-9); de los que fueron liberados de la prisión (10-16); de los que fueron sanados de enfermedades (17-22); y de los que viajaron por mar (23-32).

El salmo cambia de pronto respecto a su estructura, y del versículo 33 al 43 se ofrece una porción de un himno que alaba a Dios por sus bendiciones.

PARA MEDITAR Y HACER: ¿Qué piensa usted de estos dos hermosos salmos? ¿Le atrae su universalismo, su llamado a todas las naciones? ¿O le repele esta actitud abierta para todos? En el Salmo 107, ¿qué piensa usted de los distintos peregrinos que vienen a Jerusalén? Vienen del desierto; vienen del otro lado del mar; vienen de los lechos donde estuvieron enfermos; y vienen de la prisión. . . ¿de la prisión? ¡¡¡de la prisión!!! ¡Hay que tener cuidado! Pero este salmo es un cántico de acción de gracias y celebra el poder transformador y redentor de Dios. ¿Qué piensa usted de eso? Escriba sus observaciones sobre el tema.

Quinto día   *Lea* Salmo 116

PARA ESTUDIAR: En la LXX y en la Vulgata (versión latina) el Salmo 116 se divide en dos partes: 1 al 9 y 10 al 19; y se numeran como los Salmos 114 y 115 (véase en la «Introducción» la sección «La numeración de los Salmos»). Éste es un cántico de acción de gracias por la recuperación de la salud ante un peligro mortal.

La apertura de este salmo son palabras dirigidas a la congregación (1-2). De ahí en adelante, y hasta el versículo 11, se describe la experiencia del autor. El versículo 3 describe una severa enfermedad en la que dice:

«Me rodearon ligaduras de muerte,
me encontraron las angustias del seol».

El autor invocó a Dios diciéndole «libra ahora mi alma» (4) y Dios tuvo piedad de él (5-6). En los versículos 7 al 9 se describe la recuperación del enfermo, y del 10 al 11 el salmista declara que confía en Dios, en lugar de en seres humanos.

Los versículos 12 al 19 son la descripción del voto o la promesa que se le hace a Dios.

En el versículo 13, «la copa de la salvación» era usada para derramar una ofrenda de vino sobre la víctima del sacrificio (Éxodo 29:40; Números 15:1-14). El salmo expresa que Dios tiene gran aprecio por la vida de sus fieles cuando dice:

> «Estimada es a los ojos de Jehová
> la muerte de sus santos» (15),

pero esto no significa que por aquel entonces había fe en la resurrección. Fue durante el período intertestamentario, entre el Antiguo Testamento y el Nuevo Testamento, que esta idea se desarrolló, aunque había comenzado a surgir a fines del Antiguo Testamento. Ya para el período del Nuevo Testamento, los fariseos creían en la resurrección, mientras que los saduceos la negaban. El pensamiento en los salmos es que en la muerte uno iba al seol.

PARA MEDITAR Y HACER: Entonces no había fe en la resurrección, pero el salmo expresa que Dios aprecia la vida de sus fieles. Trate de pensar como si usted viviese en aquellos tiempos. ¿Por qué cree usted que el salmista confía en Dios, más que en los seres humanos? ¿En qué medida confía usted en Dios? ¿Le preocupa si Dios sabe lo que usted está haciendo?

Sexto día   *Lea* Salmo 118

PARA ESTUDIAR: Éste es uno de los Salmos de Halel que estudiaremos en la Duodécima Semana, pero también es uno de los cánticos de acción de gracias y por esto lo estudiamos hoy. Toda la comunidad se ha librado de un peligro inminente y se congrega a las afueras del Templo para expresar su gratitud rindiéndole culto a Dios. Canta un coro:

> «Alabad a Jehová,
> porque él es bueno,
> porque para siempre es su misericordia» (1).

Ahora vienen tres respuestas. En los versículos 2 al 4 tenemos instrucciones que no se cantaban; sólo se cantaba «para siempre es su misericordia», en respuesta al solista o al coro del versículo 1. Los que cantaban estas tres respuestas eran el pueblo de Israel (2), congregado fuera del Templo; «la casa de Aarón» (3), que son los sacerdotes y levitas congregados dentro del Templo; y toda la comunidad (4); es decir, tanto los que están dentro como los que están fuera del Templo.

Los versículos 5 al 18 describen la experiencia, posiblemente de un rey que ha pasado por la desesperada situación de defender y proteger a su pueblo (10-13), pero Dios le dio la victoria (14-18).

En los versículos 19 al 29, los que están fuera del Templo ganan acceso a él. El rey pide ser admitido al Templo:

«¡Abridme las puertas de la justicia;
entraré por ellas, alabaré a Jah!» (19).

y los sacerdotes responden:

«¡Esta es la puerta de Jehová;
por ella entrarán los justos!» (20).

Responde el que busca entrar al Templo que Dios da testimonio de su carácter al librarle del peligro (21-22). En el versículo 22, «la cabeza del ángulo» significa que lo antes despreciado y desechado pasa a ocupar el lugar de honor. Gozoso, el coro responde a lo que Dios ha hecho (23-25). En el versículo 25, «sálvanos» es Hosanna (en hebreo *Hoshianna*).

El suplicante es admitido al Templo (26-27). De nuevo vienen otras instrucciones para el culto cuando en el versículo 27b y c dice: «atad víctimas con cuerdas / a los cuernos del altar». Éstos eran los animales que serían sacrificados en honor a Jehová.

Por fin, en el versículo 28 el suplicante cumple su voto o promesa en presencia de todo el pueblo, mientras que el coro de nuevo canta:

«Alabad a Jehová, porque él es bueno,
porque para siempre es su misericordia» (29).

PARA MEDITAR Y HACER: Al leer el Salmo 118 en su Biblia y al estudiarlo en este libro, ¿pudo usted visualizar el servicio litúrgico que se celebra? ¿Qué opina usted de esto? Si hubiese podido estar allí en ese momento, y si hubiese podido entender el hebreo que se cantaba, ¿qué reacción hubiera tenido?

Séptimo día   *Lea* Salmo 138

PARA ESTUDIAR: El Salmo 138 es un cántico de acción de gracias a Jehová por su ayuda con los problemas de los humildes. El salmista está en el Templo para dar gracias a Dios (1-3). Cuando dice «delante de los dioses te cantaré salmos» (1), estos dioses son los seres de la corte celestial (2/5).

Los versículos 4 al 6 son un himno de alabanza en el que el Dios que salva a los humildes es Rey de reyes y Señor del universo. Los versículos finales (7-8) son una expresión de fe de que «Jehová cumplirá su propósito en mí» (8).

PARA MEDITAR Y HACER: Este brevísimo salmo celebra lo que Dios ha hecho y le rinde gracias. Escriba usted también un breve salmo de acción de gracias en el que exprese la gratitud a Dios por algunos dones espirituales que le ha dado.

SESIÓN PARA EL GRUPO DE ESTUDIO: Comience con la oración inicial del estudio. Señale que hoy serán considerados los salmos de acción de gracias.

● Pida a cada persona que escriba en su libreta una frase que diga: «Los autores de los salmos de acción de gracias estaban inspirados porque. . .» Termine la oración.

● Pregunte al grupo por qué hay tanta relación entre los lamentos y las acciones de gracias. Discuta con el grupo este tópico.

● Pida al grupo que considere de qué forma se refleja este mismo sentimiento en nuestro culto dominical.

● Invite a cada persona en el grupo a escribir una breve acción de gracias por alguna bendición que haya recibido.

● Pida a las personas en el grupo que así lo deseen que lean sus acciones de gracias.

Termine la sesión con una oración.

Undécima Semana
Liturgias

Primer día *Lea* Salmo 15

PARA ESTUDIAR: La palabra *liturgia* viene del griego y originalmente quería decir «servicio público». Tiempo más tarde llegó a significar «adoración pública». En la adoración pública hay un proceso de diálogo que se manifiesta mediante el hablar o el cantar. Ya hemos visto otros salmos litúrgicos que hemos estudiado según su género literario, tales como el 107 en 10/4; el 118 en 10/6; el 121 en 3/1; y el 134 en 3/7.

El primero que estudiaremos esta semana es el Salmo 15, una liturgia de acceso al Templo para la entrada de los peregrinos que llegan al santuario. Antes de entrar, se les instruye en las condiciones necesarias para lograr el acceso.

Los peregrinos preguntan ¿quién podrá ser admitido a la congregación? Sus referencias en el versículo 1 al «Tabernáculo», es decir, el Templo, y al «monte santo», Sión, son un paralelismo que busca indagar ¿cómo podemos estar en la presencia de Jehová? Los sacerdotes responden: sólo los que poseen cualidades morales. El detalle de su respuesta aparece en los versículos 2 al 5b. Su liturgia viene de la *Torah*, la ley de Israel, y es un decálogo de la adoración basado en las tradiciones del pacto de Sinaí (redactado alrededor del 950 a.C., en tiempos de Salomón); en las tradiciones del Código Deuteronómico (redactado alrededor del 650 a.C., en tiempos del rey Josías); y en las tradiciones sacerdotales (redactadas durante el exilio en Babilonia).

Por ejemplo, para ver el requisito ético, véase el versículo 5a y 5b:

«quien su dinero no dio a usura
ni contra el inocente admitió soborno».

La ley prohibe prestar dinero por usura o para ganar intereses, y sólo se permite prestar el dinero para ayudar al que lo necesita, no para ganancia del que lo presta (Éxodo 22:25; Levítico 25:35-37; Deuteronomio 23:19-20). Igualmente la ley condena al juez que acepta soborno para corromper la justicia (Éxodo 23:8; Deuteronomio 16:18-20; 27:25). Los mismos principios éticos los podemos ver en la respuesta que dan los sacerdotes. Al final, afirma y responde la congregación: «El que hace estas cosas, no resbalará jamás» (5c).

PARA MEDITAR Y HACER: Desarrolle su imaginación para estos salmos litúrgicos para poder visualizar lo que ocurre. Escriba en su libreta un párrafo describiendo lo que está pasando. Note, sin embargo, las condenaciones éticas sobre la usura y el soborno. ¿Cómo nos puede ayudar a nosotros en la iglesia esa síntesis de liturgia y ética?

Segundo día _Lea_ Salmo 24

PARA ESTUDIAR: El Salmo 24 es una liturgia para la entrada al santuario durante la procesión en la que se portaba el Arca del pacto. Este salmo es uno de los más hermosos y majestuosos del libro de Salmos y ha motivado diversos himnos, tanto en las tradiciones de las sinagogas como en las iglesias cristianas. Esta liturgia era parte de la «Fiesta de los Tabernáculos», también llamada «Fiesta del Año Nuevo» o de la «Renovación de la Alianza».

La festividad consistía en una procesión que se organizaba al pie del monte Sión, y que llevaba el Arca del pacto hasta el Templo de Jerusalén. El Arca era cargada por sacerdotes, pues ellos eran los únicos que podían tocar el objeto sagrado, y junto con ellos iba un coro sacerdotal acompañando la procesión. Es muy posible que esta tradición procesional se remontase al período en que el Arca iba al combate junto con las fuerzas de Israel, pero tal cosa cesó de hacerse cuando Salomón construyó su capilla del palacio, el Templo de Jerusalén en el Monte Sión. De ahí en adelante el Arca salía del Lugar Santísimo del Templo sólo para ser llevada en esta procesión del Año Nuevo.

El Salmo 24 consta de tres secciones: los versículos 1 y 2, en que se honra a Dios como el Creador; los versículos 3 al 6, donde se enumeran los requisitos para entrar al Templo; y los versículos 7 al 10, en los que se celebra a Dios como el Rey de gloria. Veamos cada uno de ellos.

La primera sección, los versículos 1 y 2, era cantada por otro coro sacerdotal que estaba dentro de las puertas del Templo. En sus palabras se celebra a Dios como Creador:

«De Jehová es la tierra y su plenitud,
el mundo y los que en él habitan,
porque él la fundó sobre los mares
y la afirmó sobre los ríos».

El paralelismo del versículo 2 está basado en la mitología compartida por muchos pueblos del Antiguo Cercano Oriente en la que su dios principal combatía al dragón del caos, lo derrotaba, y del cadáver del dragón constituía el cosmos o universo (véase «caos» en 5/5 y «cosmos» en 5/1). Según el pensamiento hebreo, era en las aguas del caos en las que Dios puso los pilares o columnas para establecer la tierra (véase Génesis 1:6-8; 7:11; Éxodo 20:4).

La palabra «mitología» la interpretamos hoy como diciendo «esto es falso», pero ése no es el significado original de la palabra. Para los antiguos la mitología era lo más real de todas las cosas; la vida humana era efímera y era un repetirse una y otra vez, una y otra vez. Entonces no había historia; no había un destino que seguir, una visión que alcanzar. Lo que el ser humano buscaba era estar lo más cerca posible de los dioses, porque allí sí estaban la realidad, la verdad y la eternidad. Entre los babilonios, por ejemplo, la lucha entre su dios Marduc y el dragón Tiamat, tenía lugar cada vez que se celebraba el año nuevo, y cada año había que asegurarse de que Marduc ganara porque si no, todo se tornaría en caos.

Pero con Israel surgió una cosa extraordinaria. El éxodo de Egipto fue un hecho único y especial, y es por ello que su religión, en lugar de ser cíclica, como la de sus vecinos, se tornó lineal. Para ellos hubo una sola creación, una sola redención en el éxodo, y una sola culminación futura con la seguridad de que el poder de Dios quedaría firmemente establecido.

Entonces, ¿por qué continuó Israel usando esa mitología en la que ya no creía? Por la misma razón por la que usamos mitología en la cual no creemos. Si uno dice, por ejemplo, «el espíritu de Marte está asolando toda la tierra», nadie piensa que uno cree que el dios Marte existe; todos entienden que uno se refiere a la guerra. O si uno envía el Día de los Enamorados, el 14 de febrero, una tarjeta con un Cupido tirando flechas a un corazón, nadie piensa que uno cree en el dios Cupido.

Lo mismo ocurrió con los israelitas. Ellos no creían que había un dragón del caos de las aguas, pero ésta era la mejor manera de ilustrar la creación que Jehová había hecho. Lo que sí creían era que la tierra era plana, con un firmamento sólido y con columnas o pilares que la sostenían. Y las aguas del caos antes de la creación estaban sobre el firmamento y en los abismos debajo de la tierra. Por eso decían: «porque él la fundó sobre los mares / y la afirmó sobre los ríos» (2).

La segunda parte, los versículos 3 al 6, es muy similar al Salmo 15 que vimos ayer. El coro sacerdotal que viene con la procesión del Arca canta:

«¿Quién subirá al monte de Jehová?
¿Y quién estará en su lugar santo?» (3)

El «monte de Jehová» era la colina de Sión, y «su lugar santo» era el Templo.

A la pregunta de la procesión, canta el coro de los sacerdotes que están en el Templo los versículos 4 y 5. Aquí se reflejan, en forma similar al Salmo 15, los principios éticos y morales, y además se ofrecen normas cúlticas: las «cosas vanas» eran ídolos paganos que se llamaban «vanos» porque ni hacían ni podían hacer nada. El coro de la procesión responde:

«Tal es la generación de los que lo buscan,
de los que buscan tu rostro, Dios de Jacob» (6).

Viene ahora un paréntesis musical señalado por *Selah*.

Llega ahora la tercera parte del Salmo 24, los versículos 7 al 10, también en forma de himno como los dos primeros versículos. La procesión ya está junto a las puertas del santuario, en el atrio del Templo cerca del «altar de los sacrificios», y todos los de la procesión, no sólo el coro sacerdotal, demandan que sean abiertas las puertas:

«¡Alzad, puertas, vuestras cabezas!
¡Alzaos vosotras, puertas eternas,
y entrará el Rey de gloria!» (7)

Las «cabezas» de las puertas son el dintel. Dios es tan majestuoso que, en el simbolismo mitológico, los dinteles de las puertas del Templo eran demasiado bajos. No importaba que las puertas fuesen de cerca de 7 metros de altura (más de 20 pies). ¡Todavía no eran suficientemente altas! «El Rey de gloria», por supuesto, es el Dios de Israel que viene con el Arca.

Responde el coro que está dentro del Templo: «¿Quién es este Rey de gloria?», a lo que contesta la multitud que está en el atrio: «¡Jehová el fuerte y valiente, / Jehová el poderoso en batalla!» (8).

Pero las puertas no se abren y, en el versículo 9, de nuevo claman el coro, los sacerdotes y el pueblo, que están junto al Arca lo que ya se dijo en el versículo 7. Otra vez responde el coro del Templo: «¿Quién es este Rey de gloria?», a lo que responden los del atrio con un clamor extraordinario:

«¡Es Jehová de los ejércitos!
¡Él es el Rey de gloria!» (10)

Las puertas se abren, y los sacerdotes que transportan el Arca del pacto entran al Templo y la depositan en el Lugar Santísimo, entre los dos querubines. Mientras tanto, el pueblo celebra al «Rey de gloria» en el atrio del Templo.

En los libros históricos, «Jehová de los ejércitos» se refiere a su presencia entre las tropas israelitas, pero en los proféticos expresa su poder cósmico. Por ello en la LXX se traduce *kyrios pantokrátor*, que significa «Señor Todopoderoso».

PARA MEDITAR Y HACER: Prepare una breve liturgia para su familia. Por ejemplo, puede prepararla para dar gracias por los alimentos o para emprender un viaje de vacaciones, o cuando sus hijos comienzan las clases. Hay muchas cosas en las que la familia puede participar como grupo para darle gracias a Dios o para celebrar una ocasión especial. El uso de este tipo de liturgia le ayudará a entender lo que hacían los judíos en el Templo, y además unificará mucho más a su familia.

Tercer día   *Lea* Salmo 50

PARA ESTUDIAR: El Salmo 50 es una liturgia del juicio divino contra el pueblo de Dios, Israel. Dios acusa a Israel de haber sido infiel al pacto y le demuestra lo que es la religiosidad verdadera.

En la primera parte, los versículos 1 al 6, Dios viene a juzgar a su pueblo. En el versículo 1 dice: «El Dios de dioses». Aunque la idea de tener un dios que gobernaba y supervisaba a los otros dioses era muy popular en la mitología de la antigüedad, esto no es lo que esa expresión significaba en este salmo. Esto es una forma del modismo hebreo, como cuando se dice «Rey de reyes» o «Señor de señores», que significa suprema autoridad, aun cuando no haya otros señores, otros reyes u otros dioses. Los «cielos de arriba» y «la tierra» han sido convocados por Dios para juzgar a su pueblo (4), y han sido llamados como jueces, testigos y ejecutores de la sentencia, pero éstos no son parte de la corte celestial. Los «cielos» están en plural porque según la concepción hebrea había tres, cinco o hasta siete sectores en el firmamento.

Después de un interludio marcado por un *Selah*, comienza el resto del salmo, los versículos 7 al 23, donde Dios acusa la nación y condena a Israel. Los versículos 8 al 13 hablan de los sacrificios, pero dicen que esto no es lo que Dios desea. Por el contrario, según los versículos 14 y 15, su demanda es el vivir una vida de acción de gracias y de oración. Los versículos 16 al 21 declaran que el pueblo ha violado la ley de Dios al tolerar el mal (18) y la mentira (19-20). Aparentemente alguien introdujo en el texto el versículo 16a, donde dice: «Pero al malo dijo Dios», lo que separa el resto del salmo de esta sección. Como si una cosa fuese el hacer los sacrificios y ofrecer el culto, lo cual habría que ajustar un poco mejor, y otra cosa lo que hacían los malos. La realidad es que todos ellos son los mismos, el pueblo de Dios, y todos están condenados por su conducta.

Por suerte, el resumen final aclara este punto:

> «Entended ahora esto, los que os olvidáis de Dios,
> no sea que os despedace y no haya quien os libre.
> El que ofrece sacrificios de alabanza me honrará,
> y al que ordene su camino,
> le mostraré la salvación de Dios» (22-23).

PARA MEDITAR Y HACER: En el Salmo 50, Israel no cumple con el pacto y sufre las consecuencias. La palabra «Testamento» significa «pacto», de modo que el Antiguo Testamento quiere decir el antiguo pacto. Los cristianos tenemos un Nuevo Testamento que significa un nuevo pacto. ¿Ha pensado usted si alguna vez nosotros los cristianos hemos quebrantado el pacto como lo hizo Israel? Ahora medite sobre las siguientes preguntas: ¿Qué significa el pacto de la Iglesia con Dios? ¿En qué momentos la Iglesia ha quebrantado su pacto? ¿Cómo podemos restaurar nuestro pacto si éste ha sido quebrantado?

Cuarto día *Lea* Salmo 68

PARA ESTUDIAR: El Salmo 68 es una liturgia para la celebración de un festival en el Templo en el que se alaba a Dios por sus acciones por Israel. Éste es un salmo muy difícil de interpretar, y no hay acuerdo entre los eruditos en su significado total o en sus detalles.

Algunos lo consideran como un grupo de fragmentos sin relación alguna. Por nuestra parte trataremos de presentarlo como una unidad. Comienza el salmo con una oración a Dios para que esté presente en la batalla inminente (1-3). Continúa el salmo, en los versículos 4 al 6, con una alabanza a Dios quien ayuda a los necesitados. En el versículo 4 dice: «al que cabalga sobre los cielos». Ésta es una aplicación al Dios de Israel de una acción comúnmente atribuida a Baal, dios cananeo de tormentas y fertilidad.

En el versículo 5 dice:

> «Padre de huérfanos y defensor de viudas
> es Dios en su santa morada».

Los versículos 7 al 10 describen la ayuda de Dios para su pueblo, especialmente en los eventos del éxodo y del monte Sinaí; y los versículos 11 al 14 anuncian una gran victoria. Los versículos 15 y 16 expresan la autoridad que tiene Dios para escoger. La región de «Basán» se encuentra al este del Mar de Galilea y en esa región donde «altas son sus cimas» (15), especialmente el monte Hermón, que tiene 2700 metros (9232 pies) de elevación, pero en lugar de cualquiera de estos montes, escogió a Sión (16).

Los versículos 17 y 18 aluden a la conquista de Canaán, y por ello alaban a Dios que libra a su pueblo (19-20) y les da la seguridad de la victoria (21). La procesión de este festival entra en el Templo. Varias de las tribus se citan allí como participando en la danza de la procesión, pero sus nombres son simbólicos:

«Benjamín» es el hijo menor de Jacob y una de las tribus menores de Israel, pero de ella salió su primer rey, Saúl. «Judá» es el nombre de la tribu que eventualmente pasó a ser el nombre del reino del sur; y «Zabulón» y «Neftalí», que simbolizaban el reino del norte.

Pero no son solamente los descendientes de Israel. En el futuro, como parte de la adoración al Dios de Israel,

> «Vendrán príncipes de Egipto;
> Etiopía se apresurará a extender sus manos
> hacia Dios» (31).

Al final, en los versículos 32-35, se rinden alabanza y adoración al Dios de Israel. El Salmo 68 termina diciendo: «Bendito sea Dios».

PARA MEDITAR Y HACER: En este salmo hay una liturgia de celebración en la que se recuerda un testimonio universal al que Dios invita a Israel. ¿De qué manera la Iglesia logra cumplir este valor universal? ¿Qué responsabilidades tienen los cristianos de obedecer a Dios en el evangelismo y misiones universales? ¿De qué manera puede uno compartir con esta misión universal?

Quinto día   *Lea* Salmo 81

PARA ESTUDIAR: El Salmo 81 es la liturgia para la celebración del Festival de los Tabernáculos. La primera sección del salmo, los versículos 1 al 5b, es un himno que llama al pueblo a adorar a Dios. La segunda sección, los versículos 5c al 16, es el mensaje de Dios transmitido mediante uno de los profetas cúlticos del Templo de Jerusalén.

Antes de comenzar a estudiar este salmo, veamos algunos detalles sobre el calendario judío, el cual era muy diferente al nuestro. Su año se dividía en doce meses de veintinueve o treinta días, basándose en las fases de la luna. De modo que su año tenía menos de 360 días. Por eso, cada dos o tres años se intercalaba otro mes entre el fin de un año y el principio del otro. De este modo se compensaba el retraso del año lunar con respecto al año solar. Cada mes comenzaba con la «luna nueva» y el año cúltico se iniciaba el primero del mes de *Nisán* (= marzo/abril). Las festividades a que se refiere este salmo comenzaban desde el primer día del séptimo mes (*Tishri* = septiembre/octubre) con la «luna nueva», y el Festival de los Tabernáculos tenía lugar desde la «luna llena», el 15 del mes hasta el día 23. Por eso dice el salmista:

> «Tocad la trompeta en la nueva luna,
> en el día señalado, en el día de
> nuestra fiesta solemne» (3).

En el versículo 4 el «estatuto . . . del Dios de Jacob» requería que se mantuviesen firmes las tradiciones de lo que Dios hizo al sacarlos de Egipto; y en el versículo 5, «José» representa a las doce tribus de Israel. Del versículo 5c al 16 el profeta cúltico dice que recibió un mensaje anunciando lo que Dios había hecho en el pasado (6-7), su demanda por la lealtad de Israel (8-10), la desobediencia del pueblo (11-12) y su futura prosperidad si cambian de actitud (13-16).

PARA MEDITAR Y HACER: Dios quería que su pueblo obedeciese las tradiciones de Egipto. ¿Qué desea Dios de nosotros los cristianos? ¿Qué desea de nosotros nuestra denominación? ¿Qué desea de nosotros de nuestra iglesia local? Medite sobre estos temas y conteste las preguntas en la libreta.

Sexto día   *Lea* Salmos 82 y 108

PARA ESTUDIAR: El Salmo 82 es una liturgia que se plantea como un juicio de Dios sobre los dioses paganos, a quienes Jehová reduce a total impotencia. Al comenzar el salmo, su autor hace uso del concepto, muy común en el Antiguo Cercano Oriente, de que el mundo está gobernado por un «consejo de dioses». El profeta cúltico tiene una visión y ve al Dios de Israel en medio del consejo y lo escucha cuando Jehová pronuncia su juicio sobre todos los otros miembros del consejo.

Según los cargos presentados por Dios en los versículos 2 al 7, porque esos otros dioses gobiernan el mundo injustamente, todos perecerán como si fuesen humanos. Al final, en el versículo 8, hay una plegaria para que la visión del profeta acontezca.

En cuanto al Salmo 108, ésta es una liturgia de oración por la victoria contra los enemigos. Este salmo se compone de partes de otros dos salmos. Los versículos 1 al 5 son casi idénticos al 57:7-11 (véase 7/5), y los versículos 6 al 13 vienen del 60:5-12 (véase 9/2).

PARA MEDITAR Y HACER: Prepare otra liturgia, como la que hizo el segundo día de esta semana, para una situación distinta a aquélla. Mañana, cuando se reúna en el grupo de estudio, comparta las liturgias con los otros participantes. Discuta y analice esas liturgias en la sesión de estudio.

Séptimo día   *Lea* Salmo 115

PARA ESTUDIAR: El Salmo 115 es una liturgia que contrasta el poder de Jehová con la insuficiencia de los dioses paganos. Éste es uno de los Salmos de Halel que veremos la semana próxima.

Este salmo se cantaba en forma de antífona de este modo: Primeramente un coro canta para la gloria a Dios los primeros dos versículos. A continuación, en los versículos 3 al 8, un solista declara que

Dios es omnipotente, y que los ídolos no tienen vida, y lo hace en una forma irónica en los versículos 4 al 8 cuando dice: «Los ídolos de ellos son plata y oro, / obra de manos de hombres. / Tienen boca, pero no hablan; / tienen ojos, pero no ven; / orejas tienen, pero no oyen; / tienen narices, pero no huelen; / manos tienen, pero no palpan; / tienen pies, pero no andan, / ni hablan con su garganta. / Semejantes a ellos son los que los hacen / y cualquiera que confía en ellos».

El coro pide a Israel, a la «Casa de Aarón», es decir a los sacerdotes, y a todos los que temen a Jehová, que confíen sólo en Dios (9-11), a lo que toda la congregación responde en confianza (12-13). Al fin, un sacerdote o varios de ellos pronuncian la bendición (14-15), y termina la liturgia con un himno de alabanza (16-18).

PARA MEDITAR Y HACER: En este salmo hay ironía y algo jocoso cuando se describen los dioses de las naciones paganas. Es evidente que la liturgia no tiene que ser sombría y agria. Una buena risa puede llevar una enseñanza, y mucho de esto lo hay en la Biblia. En su libreta escriba un párrafo sobre estos elementos de la liturgia y comente su opinión sobre el asunto.

SESIÓN PARA EL GRUPO DE ESTUDIO: Dé inicio a la sesión con una oración inicial para que el grupo crezca en su discernimiento. Hoy estudiaremos las liturgias.

- Pregunte al grupo qué valor tenía la liturgia en los festivales del judaísmo. Discuta este tópico.
- Invíteles a considerar si hay algún aspecto de liturgia en la vida secular. Si algunos dicen que sí, pídales que identifiquen dónde los hay. Si algunos dicen que no, pregúnteles por qué no aceptan la opinión de los otros.
- Algunos piensan que la liturgia es mera repetición en el culto. Pídale al grupo que cada uno escriba un breve párrafo explicando lo que es la liturgia según lo que han visto en estos salmos litúrgicos.
- Pídale a cada persona que elabore una liturgia que celebre algún aspecto del calendario cristiano.
- Anote cinco cosas en la que este estudio le ayuda en su vida cristiana.

Termine la sesión con una oración.

Duodécima Semana
Salmos de confianza
y Halel

Primer día   *Lea* Salmos 3 y 4

PARA ESTUDIAR: Durante los primeros cuatro días de esta semana estudiaremos los salmos de confianza. Ya hemos visto un par de ellos: el Salmo 121 en 3/1 y el 131 en 3/6. Este tipo de salmo se originó como una expansión del lamento. Como se recordará en muchas de estas súplicas o lamentaciones, vimos que al final había alguna afirmación de confianza. Poco a poco esta forma de terminar el salmo de lamentación comenzó a extenderse y por fin se constituyó en un salmo individual. Estos salmos no tienen una forma o estructura particular, sino que es su actitud y disposición lo que los marca. El salmista presenta el poder, la bondad y la justicia de Dios que es lo que afirma su confianza; opone a los dichos de sus enemigos su fe en Dios; y reconoce que puede confiar absolutamente en Dios.

El Salmo 3 es un salmo de transición. En este estudio lo consideraremos como una expresión de confianza en la acción de Dios, pero algunos eruditos lo clasifican como un lamento personal. En su título hebreo el salmo se atribuye a David, «cuando huía de delante de su hijo Absalón» (véase 2 Samuel 15:13-23).

La invocación, en los versículos 1 y 2, presenta la queja del autor.

Los versículos 3 al 6 afirman la fe del salmista. El autor expresa su confianza en Dios (3-4). Habla de Dios como su «escudo» (3); es decir, Dios es el defensor de sus fieles. Y en el versículo 4 dice:

«Con mi voz clamé a Jehová
y él me respondió desde su monte santo».

Fue allí, en el «monte santo», en Sión, donde después de pasar la noche en el Templo, el autor recibe confirmación de que la actitud de Dios le es favorable (5-6). La petición se presenta en dos plegarias: una oración de conclusión (7) y una bendición sobre todo el pueblo de Dios (8).

El Salmo 4 es una expresión de confianza en la acción de Dios, pero al igual que el salmo anterior, algunos lo clasifican como un lamento personal. El autor ha sido acusado falsamente por los que tienen autoridad y poder, pero no tienen vergüenza.

Este salmo comienza con un clamor por ayuda: «Ten misericordia de mí y oye mi oración» (1), y continúa con un rechazo de los que falsamente lo acusan (2-5). En el versículo 2 se condena a los «hijos de los hombres», que usualmente significa seres humanos, pero en este caso se refiere a los que ocupan un lugar destacado en la sociedad y que abusan y se aprovechan de los débiles y de los pobres. El salmista los condena diciendo: «¿hasta cuándo / volveréis mi honra en infamia, / amaréis la vanidad y buscaréis la mentira?» (2).

En el versículo 3 el autor declara que Jehová lo ha escogido a él debido a su piedad y que «Jehová oirá cuando yo a él clame». Por esto amonesta a sus acusadores y les dice: «¡Temblad y no pequéis! / Meditad en vuestro corazón estando en / vuestra cama, y callad» (4).

El salmista llama a sus acusadores a meditar «estando en vuestra cama» porque ése es un buen momento para la reflexión silenciosa y la oración. El resultado sería que se callasen la boca y no siguieran acusando al inocente.

Por último el acusado exhorta a sus acusadores a que, en lugar de seguir viviendo en la injusticia y obrando con malicia, hagan lo contrario:

«Ofreced sacrificios de justicia
y confiad en Jehová» (5).

En los versículos 6 al 8, el acusado recibe la seguridad de la ayuda divina y la declara al decir: «Tú diste alegría a mi corazón, / mayor que la de ellos cuando abundaba / su grano y su mosto» (7).

«Ellos» son esos ricos y poderosos de la sociedad, pero «ellos» nunca han conocido, a pesar de sus riquezas y bienestar, la paz y la alegría de estar tan cerca de Dios. Esta paz y alegría la demuestra el autor en la conclusión de su salmo de confianza:

«En paz me acostaré y asimismo dormiré,
porque sólo tú, Jehová,
me haces vivir confiado» (8).

PARA MEDITAR Y HACER: Medite en estas cosas: ¿Dónde busca usted su felicidad? En el lugar que dijo el salmista, ¿donde abunda su grano y su mosto? O como diríamos hoy, ¿donde abundan los dólares y «la buena vida»? Oiga al salmista que dijo algo así: «Tú diste alegría a mi corazón, mayor que la de ellos cuando abundaban sus dólares, sus acciones en la bolsa, y tenían abundantes riquezas». La vida espiritual en relación con Dios es mucho más rica. Después de meditar sobre estas cosas, escriba en su libreta un párrafo que comience diciendo: «Mi verdadera felicidad consiste en. . .»

Segundo día *Lea* Salmos 11 y 16

PARA ESTUDIAR: El Salmo 11 es una expresión de seguridad que surge de una gran confianza en Dios, a pesar de los muchos peligros. En los versículos 1 al 3 se rechaza a los que dicen que tiene que huir para protegerse de sus enemigos. Tal cosa es imposible, y dice: «En Jehová he confiado; / ¿cómo decís a mi alma / que escape al monte cual ave?» (1).

El autor del salmo se niega a hacer tal cosa, porque él sabe que uno debe mantenerse firme y depender de Dios para su vindicación (4-7). Él sabe que «Jehová prueba al justo» (5), pero «Porque Jehová es justo y ama la justicia, / el hombre recto verá su rostro» (7).

El Salmo 16 es una afirmación de la confianza en el poder de Dios. La primera petición es una oración para que Dios le guarde de sus problemas «porque en ti he confiado» (1).

En los versículos 2 al 8, el salmista apela a Dios basado en su devoción. En el versículo 4 condena a los que «sirven diligentes a otro dios», cosa frecuente porque muchos israelitas adoraban a los dioses de Canaán. Además, se refiere a «libaciones de sangre», que eran ritos idolátricos del culto cananeo relacionados con la agricultura.

El pueblo de Israel tuvo que aprender la práctica de la agricultura de los cananeos. Los israelitas se habían pasado muchos años en el desierto y, si sus antepasados habían cultivado las tierras en Egipto, quienes llegaron a Canaán no sabían hacerlo. Para los cananeos, el culto de los dioses de la fertilidad, Baal y Asera, eran esenciales a la práctica de la agricultura. En consecuencia, la mayor parte de los israelitas adoraban a su Dios en cuanto a las grandes fiestas de su calendario, pero en su vida diaria adoraban a los dioses de los cananeos. Ésta fue una lucha constante de los profetas a lo largo de los siglos, y aquí este salmista se une a los profetas para condenar esta práctica.

En el versículo 7 se menciona «mi conciencia» (en hebreo «mis riñones»), que era para ellos la sede de las emociones (4/4). En los versículos 9 al 11, el autor expresa su absoluta confianza en Dios. El salmista sabe que podrá disfrutar otra vez de los placeres de la vida; él sabe, y le dice a Dios, que estará «a tu diestra» (11), ese lugar de honor reservado para los fieles.

PARA MEDITAR Y HACER: En Cuba se importaron muchísimos dioses del África, especialmente de la cultura Yoruba. Éstos se fusionaron con santos de la Iglesia Católico Romana y la práctica de la santería y de la brujería floreció por toda la nación. En otras partes de nuestra América ocurrió lo mismo, ya sea con culturas del África o de las culturas indígenas. El resultado es que lo mismo que ocurrió con los israelitas en Canaán, ocurre en muchos de nuestros países. Éstos son ritos idolátricos que a veces ocurren hasta con algunos de nuestros hermanos evangélicos. Tal cosa es inconcebible y blasfema ante los ojos de Dios. ¿Ha visto usted alguna vez estos tipos de prácticas entre nuestro pueblo? ¿Lo ha visto alguna vez entre gente que profesan fe en el Dios único? ¿Qué piensa usted de esto? ¿Cómo pudiera la iglesia educar a nuestras congregaciones para que acepten a Dios como su único Señor? Escriba en su libreta algunas ideas de cómo pudiera hacerse esto en su iglesia local.

Tercer día   *Lea* Salmos 23 y 27

PARA ESTUDIAR: El Salmo 23 es el mejor conocido y el favorito para la mayor parte de los creyentes. En cuanto a su género literario, éste es un salmo de confianza que asegura la protección de Dios. Hay en este salmo dos imágenes poéticas muy especiales. En los versículos 1 al 4 la ilustración compara a Dios con el pastor que atiende a sus ovejas. La palabra «alma» (3) significa la vitalidad, el poder de la vida. En los versículos 5 y 6 la comparación es la de un buen anfitrión que agasaja a su invitado. En el versículo 6 se menciona «la casa de Jehová», que era el Templo de Jerusalén. Esto hace evidente que el salmo no se debió al rey David, pues el Templo de Jerusalén fue construido por Salomón, tiempo después de haber muerto David.

El Salmo 27 es otra expresión de confianza en la acción de Dios. Comienza el salmo con un cántico de confianza aun en medio de los mayores peligros (1-6). Entonces, viene un lamento muy similar a los que ya hemos estudiado (7-14). Viene primero un clamor por ayuda (7-9); después se describe la situación del salmista (10-12); y por fin viene una expresión final de confianza (13-14).

PARA MEDITAR Y HACER: Medite sobre el Salmo 23. Escoja el tema del pastor de ovejas o el tema del anfitrión y escriba, en lenguaje moderno, y con imágenes e ilustraciones contemporáneas, este mismo sentido para que lo entienda una persona del día de hoy.

Cuarto día   *Lea* Salmo 62

PARA ESTUDIAR: El Salmo 62 es una expresión de confianza en la protección de Dios, aun en medio de los más grandes peligros. Para el salmista, Dios es la única ayuda y lo expresa con más o menos las mismas palabras en los versículos 1 al 2 y 5 al 7. En medio de esas dos estrofas (3-4) se describe la situación del autor del salmo. Ha sido perseguido y maldecido por sus enemigos que buscan aplastarlo y destruirlo. El salmista responde magistralmente en los versículos 8 al 12. Está claro que, para él, «¡Dios es nuestro refugio!» (8). En contraste al poder y la majestad de Dios, el autor dice: «Por cierto, solo un soplo son los hijos de los hombres, / una mentira son los hijos de los poderosos; / pesándolos a todos por igual en la balanza, / serán menos que nada» (9).

En los versículos 11 y 12 tenemos un «proverbio numérico», usado generalmente en la literatura sapiencial, diseñado así para recordarlo mejor:

> «Una vez habló Dios;
> dos veces he oído esto:
> que Dios es el poder,
> y tuya, Señor, es la misericordia,
> pues tú pagas a cada uno
> conforme a su obra».

El pago a cada uno «conforme a su obra» responde al principio bíblico básico de la justa retribución.

Sin embargo, hay una variación básica entre el Antiguo Testamento y el Nuevo. En el Nuevo Testamento esta justa retribución se confiere más allá de la muerte, en la vida eterna, cuando uno está en íntima relación con Dios. Pero la primera insinuación de la vida eterna no aparece hasta Daniel (12:1-3), el último libro que se escribió del Antiguo Testamento. Hasta entonces todo lo que se contemplaba después de la muerte era el *seol* (véase 1/5).

PARA MEDITAR Y HACER: Piense en algún momento en el que usted haya tenido un gran peligro. Medite sobre cómo fue que Dios le sacó de esta situación desesperante. Escriba sobre este tema y cómo Dios le ayudó a resolver este problema.

Quinto día *Lea* Salmo 113

PARA ESTUDIAR: El Salmo 113 es uno de los salmos de *Halel* (véase en la «Introducción», en la sección «Los géneros literarios», la parte dedicada a los salmos *Halel*). Estos salmos están agrupados juntos y van del Salmo 113 al 118. Ya hemos estudiado varios de ellos: el 115 en 11/7; el 116 en 10/5; el 117 en 5/1; y el 118 en 10/6. En la tradición litúrgica judía estos salmos se llaman el «Halel egipcio», y se usan en conexión con sus grandes festivales. En la cena de la Pascua, los Salmos 113 y 114 se cantan antes de la cena, y del 115 al 118 después de la cena.

El título hebreo «¡Aleluya!», derivado de la palabra *Halel*, la misma palabra aparece al final del salmo. El versículo 1 es un llamamiento a la adoración con una respuesta coral que aparece en los versículos 2 al 4. En los versículos 5 al 9 Jehová es exaltado, pero Dios no se distrae con su alabanza, sino que se preocupa por los pobres y menesterosos (7-8), y además ayuda a la mujer estéril, pues la esterilidad era maldición y deshonra para la mujer (9).

PARA MEDITAR Y HACER: Escriba un salmo en el que se exprese el espíritu de los salmos *Halel*. Si usted lo desea, comparta con el resto del grupo este salmo cuando se tenga la reunión semanal.

Sexto día *Lea* Salmo 114

PARA ESTUDIAR: El Salmo 114 es otro himno de *Halel*. En la LXX y en la Vulgata los Salmos 114 y 115 forman uno solo (véase en la «Introducción», la sección «La numeración de los Salmos»).

Al comenzar el salmo, se recuerdan los hechos del éxodo (1-2). En los versículos 3 al 6 se detalla el cruce del Mar de los Juncos, usualmente mal interpretado como el Mar Rojo (4/5) y el río Jordán. En los versículos 7 y 8 se llama a ese mundo físico a adorar a Jehová inclusive la roca de Masah y Meriba, de donde salió el agua (Éxodo 17:1-7).

PARA MEDITAR Y HACER: Haga un breve resumen de los hechos que ocurrieron con el éxodo y que dieron inicio a la fe de Israel. Haga otro breve resumen de los hechos que ocurrieron con su conversión y que dieron inicio a su vida espiritual.

Séptimo día *Lea* Salmo 136

PARA ESTUDIAR: El Salmo 136 se conoce como el himno «Gran Halel», pero es independiente de los otros salmos de Halel. La primera parte de cada versículo se cantaba por un solista y la segunda parte, que siempre dice «porque para siempre es su misericordia», era la respuesta congregacional. Todo el salmo está compuesto de pasajes tomados de otras partes del Antiguo Testamento.

Los versículos 1 al 3 son un llamado a dar gracias. De ahí en adelante se presenta la obra de Dios en la creación (4-9) y su obra en la historia de Israel (10-22). En esta sección se tratan el éxodo (10-15), el peregrinaje en el desierto (16) y la conquista de Canaán (17-22).

Los versículos 23 al 25 son una recapitulación, y el versículo 26 es una llamada final a dar las gracias.

PARA MEDITAR Y HACER: Medite sobre el Salmo 136. Éste fue el himno que Jesús y sus discípulos cantaron cuando terminaron la Última Cena. Escriba en su libreta lo que este salmo significa para usted.

SESIÓN PARA EL GRUPO DE ESTUDIO: Comience con una oración pidiendo a Dios que ayude al grupo a aprender y a compartir sus experiencias. Hoy consideraremos los salmos de confianza y los himnos de Halel.

Organice la clase en grupos de tres personas::

- A cada grupo le toca decidir las cuatro cosas que más les interesaron de los salmos de confianza.

- Cada grupo debe reportar al grupo entero, explicando por qué seleccionaron estos cuatro temas.

- Todo la clase deberá seleccionar los dos temas que les sean más importantes. Anótelos donde todos lo puedan ver.

- Reorganice sus pequeños grupos de tres de modo que tengan distintas personas y haga exactamente la misma cosa con los himnos de Halel.

- De estos cuatro temas cada persona deberá seleccionar lo que le parezca más importante y entonces deberá escribir en su libreta un párrafo que comience así:

«Para mí lo más interesante, y lo que más me ayuda en mi vida espiritual es *(diga el tema)* porque...

Para terminar, cada uno que lo desee puede leer lo que escribió y todo el grupo puede participar en una discusión.

Termine la sesión leyendo antifonalmente el Salmo 136. El líder del grupo lee la primera parte del versículo y el resto del grupo responde al unísono «porque para siempre es su misericordia».

Decimotercera Semana
Salmos sapienciales, mixtas y doxologías

Primer día   *Lea* Salmo 1

PARA ESTUDIAR: Hoy comenzamos la última semana de nuestro estudio en donde examinaremos tres categorías de salmos. La primera de ellas son los salmos sapienciales o didácticos, que son los salmos de sabiduría o de enseñanza; los salmos mixtos y las doxologías.

En el Antiguo Testamento tenemos tres «Libros de sabiduría»: Job, Proverbios y Eclesiastés. Estos tres libros fueron parte de los «Escritos» (hebreo, *Kethubim*) que pasaron a ser parte de las Sagradas Escrituras judías en el año 90 d.C. Fue entonces cuando se constituyó el Antiguo Testamento como lo tenemos hoy, tiempo después de que se escribieron la mayoría de los libros del Nuevo Testamento.

Pero este tipo de literatura ya había existido desde mucho tiempo antes. Estos tres libros sapienciales fueron escritos mucho antes de que se aceptasen como parte de las Sagradas Escrituras. Y muchos salmos se compusieron por ese entonces que tenían los elementos de la sabiduría.

El Salmo 1 fue escrito como una introducción o un prólogo al libro de Salmos. Su tema es uno de los más importantes que tenemos en este libro: el contraste entre los justos (1-3) y los malvados (4-6). Al describir la prosperidad de los justos, el versículo 1 dice:

> «Bienaventurado el varón
> que no anduvo en consejo de malos,
> ni estuvo en camino de pecadores,
> ni en silla de escarnecedores se ha sentado».

Lo que aquí se tradujo por «ni estuvo», también pudiera traducirse por «ni se detuvo», pues ambos significados son válidos en la traducción del verbo hebreo al castellano. Traducido de esta manera, los tres verbos del pasaje reflejan mejor el proceso de degeneración que el justo ha de evitar: «Bienaventurado el varón que no aduvo . . . ni se detuvo . . . ni . . . se ha sentado». Andar, detenerse y sentarse; antes de sentarse, hay que detenerse, y antes de detenerse, hay que andar.

La advertencia del autor de esta introducción a los Salmos es que, si uno no quiere sentarse en silla de escarnecedores, lo mejor es no detenerse en el camino de pecadores; y si uno no quiere detenerse en el camino de pecadores, lo mejor es no andar en consejo de malos. Quien evita esta corrupción de su ética, su moral y su justicia siempre serán bienaventurados porque para esa persona «en la ley de Jehová está su delicia / y en su Ley medita de día y de noche» (2).

Originalmente la Ley (en hebreo *Torah*) no comprendía el legalismo obsesivo con el que el apóstol Pablo tuvo que enfrentarse (Gálatas 3:1-29), sino que significaba «instrucción» o «enseñanza» (véase 4/1).

En contraste con los justos, los versículos 4 al 6 presentan el destino de los malos, y todo esto ha de ser «porque Jehová conoce el camino de los justos, / mas la senda de los malos perecerá» (6). En la Biblia el verbo «conocer» no quiere decir el haberse encontrado en alguna ocasión con otra persona, sino que significa una relación personal estrecha e íntima. Muchas veces, por ejemplo, significa la relación sexual (véase Mateo 1:25).

PARA MEDITAR Y HACER: Piense en la forma en la que este salmo cuenta el proceso de corrupción degenerativa hacia el pecado. ¿Cómo puede usted evitar tal cosa? Medite sobre el tema y escriba en su libreta una serie de resoluciones que guíen su vida espiritual.

Segundo día   *Lea* Salmo 49

PARA ESTUDIAR: El Salmo 49 también es didáctico o sapiencial y trata del problema de la retribución, especialmente de lo efímero que son la vida y la riqueza. En los versículos 1 al 4, el salmista convoca una audiencia, no sólo para impartir conocimiento a un pequeño grupo, o a todo Israel, sino que se dirige a toda la humanidad pues el problema que presenta, la retribución, atañe a «todos los habitantes del mundo» (1). Su invitación se extiende a «tanto los plebeyos como los nobles; / el rico y el pobre juntamente» (2).

Es claro que se trata de un salmo sapiencial pues el mismo autor dice «mi boca hablará sabiduría» (3). Pero ésta no es la sabiduría que se adquiere por los muchos estudios, sino por mucha experiencia. Por eso se refiere al «proverbio» (4), ese refrán didáctico que es expresión de la sabiduría popular.

Los versículos 5 al 12 preguntan, ¿por qué ha de tener uno miedo de los ricos y poderosos? Nadie tiene poder sobre su propia vida ni puede llevarse sus riquezas con él. En el versículo 7 la RVR95 dice «redimir al hermano», pero algunos textos hebreos dicen «salvarse a sí mismo». Estos versículos nos recuerdan la Coplas de Jorge Manrique (1440–1478) a la muerte de su padre:

«Nuestras vidas son los ríos
que van a dar en la mar,
que es el morir:
allí van los señoríos
derechos a se acabar
y consumir:
allí los ríos caudales
allí los otros medianos
y más chicos:
allegados, son iguales
los que viven por sus manos
y los ricos.»

El autor de este salmo tuvo que enfrentarse con el problema de la muerte, que él discute en el resto del salmo (13-20). En el versículo 10 dijo «que aun los sabios mueren . . . y dejan a otros sus riquezas» (10). Ahora dice «con todo, sus descendientes se complacen en el dicho de ellos» (13) porque heredan la fortuna. Pero en cuanto a los que aspiran a las riquezas, dice que «la muerte los pastoreará . . . y el seol será su morada» (14).

Otra vez recordamos otra de las estrofas de las Coplas de Jorge Manrique:

«Recuerde el alma dormida
avive el seso y despierte
contemplando
cómo se pasa la vida,
cómo se viene la muerte
tan callando:

cuán presto se va el placer,
cómo después de acordado
da dolor,
y cómo a nuestro parecer
cualquier tiempo pasado
fue mejor».

En medio de las consideraciones sobre la muerte y el seol, el salmista dice: «Pero Dios redimirá mi vida del poder del seol, / porque él me tomará consigo» (15). Esto no es una promesa o un atisbo a la fe en la resurrección. A lo que el autor se refiere es a continuar su vida sin encontrarse con la muerte hasta que esté en la madurez de sus años.

PARA MEDITAR Y HACER: Considere si este par de coplas de Jorge Manrique tienen un pensamiento similar al de este salmo. Escriba sus similitudes y sus diferencias. Considere las siguientes dos preguntas respecto al Salmo 49 y redacte un breve párrafo para cada una de ellas: ¿Qué destino distinto tienen el rico y el pobre? ¿En qué consiste la vida en el favor de Dios?

Tercer día   *Lea* Salmo 73

PARA ESTUDIAR: El Salmo 73 trata sobre la justicia divina, y es muy semejante a los Salmos 37 (4/3) y 49 (13/2).

En el versículo 1 el autor afirma su fe: «Ciertamente es bueno Dios para con Israel, / para con los limpios de corazón». Una vez planteada esta tesis, el salmista analiza su experiencia y las razones de duda (12-16). Confiesa que por poco pierde su fe (2), porque a los cínicos y malvados parece irles bien con sus crímenes (3-12).

Los versículos 13 al 16 exponen su reacción. Si la maldad no es castigada, ¿por qué ser bueno? (13). Después de todo, sus esfuerzos por ser recto le trajeron sufrimiento (14). Tuvo la tentación de hablar como esos ricos y mentirosos (15), pero todo ese pensar, toda esa angustia, todo ese dolor «fue duro trabajo para mí» (16).

Pero un día, cuando fue al Templo, el salmista encontró la respuesta (17-28). La prosperidad del malvado es temporal (17-20). Por lo tanto, la actitud previa del salmista fue tonta (21-22), puesto que el justo tiene algo que el malvado no puede alcanzar, la cercanía a Dios (23-28). Por eso, concluye el salmo diciendo:

«Pero en cuanto a mí, el acercarme a Dios es el bien.
He puesto en Jehová el Señor mi esperanza,
para contar todas tus obras» (28).

PARA MEDITAR Y HACER: Medite sobre estos temas y escriba sus respuestas en su libreta. Para el salmista, ¿qué era la justicia de un Dios justo? ¿Cuál fue la respuesta que él recibió cuando visitó el Templo de Jerusalén? ¿De qué manera este testimonio puede influenciar su vida?

Cuarto día   *Lea* Salmo 91

PARA ESTUDIAR: El Salmo 91 habla sobre la protección divina con un lenguaje lleno de imágenes poéticas. Hay tres secciones en el salmo: una introducción (1-2); una sección didáctica o de enseñanza (3-13); y un oráculo del profeta cúltico (14-16).

La primera parte de la introducción dice:

«El que habita al abrigo del Altísimo
morará bajo la sombra del Omnipotente» (1).

La palabra «Altísimo» en hebreo es *Elyon* y «Omnipotente» es *Shadai*. Estas dos palabras hebreas eran nombres de antiguos dioses, pero al convertirse la monolatría en monoteísmo (véase 2/5), esos nombres pasaron a ser atributos del Dios de Israel, *YHWH* (véase 2/3).
La segunda sección, los versículos 3 al 13, anuncia que los que confían en Dios no tienen que temer ni a seres humanos, ni a demonios, y la última sección (14-16) proclama, de parte de Dios y por medio del profeta cúltico:

«Lo saciaré de larga vida
y le mostraré mi salvación» (16).

PARA MEDITAR Y HACER: Medite sobre estos temas y escriba sus respuestas en su libreta. Para el salmista, ¿qué significaba Dios Altísimo y Omnipotente? ¿Qué significaba confiar en este Dios? ¿De qué manera este testimonio puede influenciar su vida?

PARA ESTUDIAR: Durante los próximos dos días estudiaremos cuatro salmos mixtos. Ya hemos visto varios de ellos, en los cuales un tipo de salmo se combina con otro, pero en estos cuatro las combinaciones son más complejas. El primero de los que veremos hoy es el Salmo 36. Los versículos 1 al 4 son un salmo de sabiduría; del 5 al 9 son un himno; y del 10 al 12 son una oración de lamento. Si tratásemos de categorizarlo, pudiéramos decir que es una liturgia de lamento.

El Salmo de sabiduría describe la naturaleza de los malvados. Éstos están inspirados por la transgresión en contraste con el autor del salmo que lo está por el Espíritu de Dios.

En los versículos 5 al 9, el himno describe el carácter de Dios, lo que resalta la diferencia entre la bondad de Dios y la maldad del impío.

La tercera parte incluye una súplica (10-11) y la seguridad de haber sido escuchado (12).

El Salmo 40, otro salmo mixto, tiene partes: la primera, una acción de gracias, los versículos 1 al 10, y la segunda, un lamento (13-17). Estas dos partes independientes fueron unidas en un solo salmo mediante los versículos 11 y 12.

La acción de gracias incluye la experiencia del salmista (1-3). En el versículo 2 el «pozo de la desesperación» es el seol (véase 1/5). El resto de la acción de gracias describe el cumplimiento de la promesa (4-10).

En el versículo 4 «la mentira» es una referencia a los dioses falsos de los pueblos paganos. El autor ofrece que, en lugar de una ofrenda o un sacrificio formal, hará la voluntad de Dios (6-8) porque para él el cumplimiento de la voluntad de Dios es más importante que las prácticas cúlticas.

El punto de relación entre las dos partes son los versículos 11 y 12 e incluye una oración en la que se le pide ayuda a Dios, y una breve descripción de la situación del salmista.

La otra parte del salmo, el lamento, en los versículos 13 al 17, está tomado literalmente del Salmo 70 (véase 8/1).

PARA MEDITAR Y HACER: ¿Qué piensa usted sobre la complejidad de estos dos salmos mixtos? ¿Cree usted que son más adecuados y relevantes que otros salmos más sencillos? Ya usted está a punto de terminar su estudio de los Salmos. ¿De qué manera le ha ayudado en su vida espiritual?

Sexto día *Lea* Salmos 63 y 66

PARA ESTUDIAR: Hoy estudiaremos los dos últimos salmos mixtos. El primero es el Salmo 63, una oración de alguien que desea gozar de la presencia de Dios en el Templo de Jerusalén. En el título hebreo este salmo se atribuye a David «cuando estaba en el desierto de Judá». Estas atribuciones históricas respecto a David surgieron mucho más tarde, cuando ya se pensaba que cada salmo que decía «Salmo de David», era uno producido por él. Se comenzó entonces a tratar de identificar en qué condiciones David habría compuesto este salmo y se le atribuyeron a momentos de su historia.

Por ejemplo, en este caso, la mención de «tierra seca y árida / donde no hay aguas» (1) hizo que se atribuyese a cuando él andaba fugitivo por el desierto (1 Samuel 23:14; 2 Samuel 15:22-23). Pero en el versículo 2 se menciona el santuario, el Templo de Jerusalén. Esto indica claramente que David no fue quien compuso este salmo, pues el Templo fue construido por su hijo Salomón después de la muerte de David.

El Salmo 63 tiene dos elementos: un lamento (1-8) y un cántico de confianza (9-11). Otra vez en este salmo aparece la referencia a las alas de los querubines (7) y a «los sitios bajos de la tierra» (9), que es decir el *seol*. Cuando dice «serán presa de los chacales» (10), esto era una de las cosas más terribles para los hebreos. El morir sin ser sepultado, o el servir de alimento para las fieras, era para ellos algo horrible. Pero el salmo termina en forma positiva, aunque no se sabe si la referencia a «cualquiera que jura por él» alude a Dios o al rey.

El Salmo 66 es otro salmo mixto que tiene, en primer lugar, un himno a Dios (1-12) dentro del cual hay una alabanza a Dios por su poder (1-7) y un cántico colectivo de acción de gracias (8-12); y en segundo lugar, una acción de gracias individual en la que un individuo presenta un sacrificio en cumplimiento de su voto (13-20). Dentro de esta segunda parte están la declaración del propósito del adorador (13-15), la experiencia del autor (16-19) y el acto de alabanza final (20).

PARA MEDITAR Y HACER: Medite sobre estos dos salmos. Quizás no sean sus favoritos, pero trate de ver qué le dicen a usted. Escriba un breve párrafo sobre cada uno de ellos ilustrando lo que este salmo le enseña.

Séptimo día   *Lea* Salmos 41:13; 72:18-19; 89:52; 106:48 y 150

PARA ESTUDIAR: Hoy estudiaremos las cinco doxologías que aparecen en el libro de Salmos. Cada una de estas doxologías cierra uno de los cinco libros de que se compone el Salterio, y aunque aparecen numeradas como si fuesen parte del último salmo de ese libro, lo cierto es que no forman parte del salmo.

Vea las primeras cuatro doxogías y considere el espíritu y el sentido con la que cada una de ellas alaba y bendice a Dios.

Pero veamos el Salmo 150, la última doxología con la que concluye el libro de Salmos. Así como el Salmo 1 se escribió para introducir la colección, este salmo fue redactado y puesto al final del libro para cerrarlo. El imperativo de «alabar», que aparece diez veces en este salmo, no se dirige solamente a los israelitas congregados en el Templo, sino que va dirigido también a los habitantes del cielo y a todos los seres vivientes.

En el pensamiento hebreo, el Templo de Jerusalén era una pequeñísima reproducción del Templo Celestial en el cual ángeles y arcángeles, serafines y querubines, y todas las huestes celestiales constantemente adoraban a YHWH en la hermosura de su firmamento. La experiencia del profeta Isaías en su visita al Templo de Jerusalén (véase Isaías 6), se cuenta como una transposición del templo terrenal al templo celestial.

Es por eso que el Salmo 150 dice:

> «Alabad a Dios en su santuario;
> alabadlo en la magnificencia de su
>   firmamento» (1).

Los versículos 3 al 5 se refieren a la naturaleza del acompañamiento musical no sólo de este salmo, sino de todos los demás.

¡Qué júbilo! ¡Qué celebración! ¡Qué alegría!

«¡Todo lo que respira alabe a Jah!
¡Aleluya!» (6).

PARA MEDITAR Y HACER: Hoy es el último día de nuestro estudio. En este salmo hay una visión de una adoración celestial, no en el Templo de Jerusalén, sino en la presencia misma de Dios. ¿Qué le dice a usted este salmo? ¿Cómo le inspira?

SESIÓN PARA EL GRUPO DE ESTUDIO: Hoy es nuestra última reunión en este estudio del libro de Salmos. Tenga una oración como las que hemos tenido todas estas semanas para que Dios los escuche y los instruya.

En cuanto a este último estudio, pida a cada persona que:

● escriba en su libreta : «Esto es lo que los salmos sapienciales me han enseñado»:

    a)

    b)

    c)

● comparta con la clase esos temas y discútalos.

● considere de qué manera las «Coplas de Jorge Manrique» dan un vislumbre del sentido de los salmos sapienciales.

● discuta la función de las doxologías que cierran cada libro de los Salmos.

El Salmo 1, que es sapiencial, y el Salmo 150 , una doxología, sirven para estructurar el libro de Salmos. Pida que cada persona en el grupo analice ambos y que escriba un breve ensayo sobre cómo esos salmos estructuraron esta obra.

Termine la sesión invitando al grupo a orar, dando gracias a Dios por habernos dado el libro de Salmos para inspirarnos día a día.